愛とお金と運に効く！

ハッピー・バイブレーション

「なりたい自分」になるための3つのステップ

経営コンサルタント
桑名正典
Masanori Kuwana

アルソス

愛とお金と運に効く！
ハッピー・バイブレーション

強運を引き寄せるシールの使い方

このシールは、桑名正典オリジナルの「毘沙門天様シール」です。

毘沙門天様は、密教の世界では北を守護する四天王である多聞天とも言われており、持っている人を強烈に守護し、災いから護ります。
また金運や開運、商売繁盛、勝運（合格祈願）、健康長寿、厄除けなどのご利益もあると言われています。

自分の生活に密着しているもの、お財布、名刺入れ、定期入れ、スマホ、スケジュール帳、パソコンなどに貼ってご活用ください。
絵柄が汚れたり、薄くなった場合は、パワーがダウンするので、新しいシールに貼りかえることをおすすめします。

いつも、「ハッピー・バイブレーション」を身につけて生活してください。

まえがき

「なりたい自分に変わる」方法がある！

小さな、小さな子どものころ、本当に社会のことも何もわからない、誰とも競争もしない、「勉強しなさい」とも言われず、ただ存在するだけでよかったころは、誰もが「ああなりたい」「こうなりたい」と自分の可能性を何も疑わず、無邪気な夢を抱いていたものです。

「子どものころは、お姫様になりたかった……」
「子どものころは、素敵なお花屋さんになりたかった……」
「子どものころは、ヒーローになりたかった……」

そんなことを思い出した方もいるでしょう。

私は、「カメライダー（仮面ライダーのこと）になりたい！」と言っていて、仮面ライダーの自転車を買ってもらって、その気になっていたときのことを、今でもおぼろげながら覚えています。

ところが多くの人が、そんな何も疑わなかった無敵のころは確かにあったのに、その後小学校、中学校と進み、進学したり社会に出るにつれ、他人と比較されたり、できないことがあって自分の力のなさを感じていくうちに、かつて抱いていた疑うこともなかった夢は、忘却の彼方に追いやられ、さらに新たな夢を抱くこともなく、ただ日々やるべきことに忙殺される現実になってしまっている。

あなたもその一人かもしれません。

しかし、あの何も疑わず、何にでもなれると思っていた自分に戻れるとしたらいかがでしょうか。

そして、**今から人生をやりなおすことができる**としたら。

「そんな夢物語みたいな話があるわけがない！」

という声が聞こえてきそうですが、それは可能なのです。

一瞬でそうなるわけではありませんが、少しずつ人生を変えることは可能です。

一言で言えば、**「自分はこういう人間」（ダメキャラ）という「思い込みの波動」を変えていくこと**です。

じつは、自分が今見ている現実には、ある法則があります。

それは、

現実は、「自分はこういう人間」と思っているとおりのものが現れる

という法則です。

つまり、**「自分はダメな人」**と思い込んでいたら、**自分はダメと思うような現実に囲まれ**、**「自分はすごい人」**と思い込んでいたら、**自分はすごいと思うような現実に囲まれる**のです。

要は、今見ている現実は、自分が無意識に決めた「キャラクター（キャラ）」の持つ波動に引き寄せられているのです。

試しにやってみてください。

今日1日「自分って案外イケてるかも!?」と思って過ごしてみましょう。

「イケてるキャラ」に変わるのです。

すると、今まで言われたことのないようなうれしいことを人から言われたり、褒められたり、今まで入ってこなかった有益な情報が入ってきたりします。

ネガティブな現実を生きている人の多くは、「自分はダメ」「自分はできない」「自分はまだまだ」と思っている人が多く、そのキャラを信じるがゆえに、そんな現実を生きてしまっています。

つまり、**自分のことを「イケてるかも」と思うことで、自分の波動が変わり、同じ波動のポジティブな現実が現れます。**

逆に、**「自分はダメかも」と思っていると、同じ波動のネガティブな現実が現れる**のです。

本書のテーマである「**これまでの人生をやりなおし、なりたい自分に変わる**」ためには、

ステップ1　ダメと決めてしまった要因をケアし、

ダメな自分を癒す

ステップ2　自分の中の様々なキャラクターを発見し、
ダメな自分をゆるす

ステップ3　自分の中の可能性を開花させ、
新しい自分を創る

という3つのステップに取り組むことで可能になります。

さあ、あなたも今日から、無意識に演じてきたキャラを変え、「ハッピー・バイブレーション」を身にまとい、「望む人生を手に入れる旅」に出かけましょう。

2024年8月吉日

桑名《くわな》正典《まさのり》

目次

第2章

第3章

ネガティブなマイキャラを変える

ステップ2

ダメな自分をゆるす

第5章 夢を叶えた人は諦めなかった人

第1章

現実は、自分が決めた「マイキャラ」の波動どおりになっている！

現実は、「自分はこういう人間」だと決めた「マイキャラクター（マイキャラ）」が持つ波動どおりの世界が創り出されています。

それは、あるときから「自分はこういう人間」という思い込みをしてしまったため、無意識のうちにマイキャラを決め、その波動にふさわしい現実を引き寄せるからです。

その後、その決めたマイキャラどおりの現実をたびたび経験するため、その都度「やっぱり自分は◯◯なんだ」という思いを強くしていくのです。

ということは、**「マイキャラを変えることができれば、現実は変わる！」**ということです。

そして、自分で決めたマイキャラなので、自分で変えることができます。

そのために、この章では「マイキャラ」を変えるための次の3つのステップに取り組みます。

ステップ1　ダメな自分を癒す

ステップ2　ダメな自分をゆるす

ステップ3　新しい自分を創る

あなたは、「自分はこういう人間」と決めつけていませんか

今、自分が経験している現実とは、どんな現実でしょうか。

人によっては、「ありがたい現実」と思う人もいると思いますし、「最悪の現実」と思う人もいるでしょう。

じつは、まえがきでもお話ししたように、**今見えている現実は、「自分はこういう人間」と決めた「マイキャラクター（マイキャラ）」の持つ波動に合うもの**なのです。

波動に関しては、私の著書『ミリオネア・バイブレーション』（ヒカルランド）などにに詳しく書いてありますが、昔から気が合う人のことを「波長が合う」と言いますが、まさにそれは「波動が合う」ということです。似たような波動の人やもの、現実が引き寄せ合うというのが波動の基本的な法則です。

つまり、「同じ波動のもの同士は共鳴し、引き寄せ合う」ため、自分が決めたマイキャラの波動に合った現実を体験する事になるのです。

かつて私が経営する会社主宰のセミナーの後、懇親会でお店に行ったときに印象的な出来事がありました。

店員の方が私たちを席まで誘導してくれたのですが、一緒にいた中に少しふくよかな女性がいました。

店員の方が誘導してくれたとき、その女性がふとこんなことを言いました。

「デブはここに座れ、みたいな目をしてたの」

私を含め、その人以外の全員が唖然としました。

店員の方の態度はまったくそんなそぶりはなかったですし、その場にいた誰もそんなことは感じていなかったからです。

しかし、その女性にはそのように見え、その女性にとってはそれが自分に起こった本当の現実となります。

これは極端な例ですが、同じことはすべての人に起こっています。

「そんな変なことは起こってないですが?」と思われるかもしれません。

ここまで極端ではないかもしれませんが、**どんな人も現実を歪めて見て、経験していま**
す。

そして、**自分で歪めた現実を「これが現実」と思っています。**

それくらい人は現実をそのままに見ずに、自分のオリジナルの現実を見ています。

もっと言うと、先程の居酒屋の例のように、同じ現実の中にいるのに、「これが現実」と思うものは人それぞれ異なります。

それは、人それぞれが決めている「キャラクター（キャラ）」が違うからです。

キャラクターとは、「個性、性格」のことです。

アニメでも、主人公は一番強く、でも思いやりがある、サブは結構強いが、気が弱い、３番目は猪突猛進タイプ、というように登場人物のキャラを設定します。

そうやって、キャラを決めてそれに合った言動により、ストーリーが展開されます。

私たちの人生も同じで、**「自分のキャラ」（マイキャラ）を決めることで、それに合った出来事が起こり、現実というストーリーが展開する**のです。

どんな人も「自分はこういう人」というマイキャラを無意識で決めています。
そう、無意識で。
たとえば、

自分はすごい人
自分はダメな人
自分は運がいい人
自分はついてない人
自分は素敵な人
自分はダサい人
自分は努力家
自分は怠け者

など様々なマイキャラを決めていて、現実の中でマイキャラの波動に合う部分を見て「これが現実」と思っています。

冒頭のふくよかな女性は、「私は人から醜く見られ、粗末に扱われる人」というマイキャラにしていたのかもしれません。

「自分はそういう人間だと思っている」

から、何でもない店員の表情が自分を蔑《さげす》んでいるように見え、通常通りの接客を粗末に扱われているように感じます。

私たちも大なり小なり自分が勝手に決めたマイキャラを持っていて、マイキャラの波動に応じて現実を見ています。

成長の過程で「キャラ変」を強いられる！

「人は自分が勝手に設定したマイキャラを持っている」

そう聞くと、

「勝手に設定するなら、なぜ自分にとっていいキャラを設定しなかったの？」

と思われるかもしれません。

もちろん多くの人は、最初は「自分は何でもできる!」と思っていたと思います。

最初というのは、とても小さなころのこと。

だからこそ、

「ヒーローになりたい」

「お姫様になりたい」

「プロ野球選手になりたい」

「アイドルになりたい」


そう思っていたことでしょう。

そのまま自分の可能性を信じ、自分を「すごい」「何でもできる」と思ったまま大きくなっていければよかったのですが、成長する過程でキャラ変を強いられる出来事が度々起こります。

たとえば、次のようなことです。

①親から「できない子」と言われた
②小学生になったとき、自分よりも勉強ができたり、足が速い同級生が現れ、「自分はできない人間」というマイキャラを設定した
③自分よりもかわいくて、人気のある子を見て、「自分は」負けた
④親から「男の子がよかった」と言われた

人生の早い段階で多くの人にこういったことが起こり、そのときに人はマイキャラを変えます。

その後、その変えたマイキャラどおりの現実を度々経験するため、その都度「やっぱり自分は○○なんだ」という思いを強くしていきます。

そうやって最初は無敵だった人が、**ちょっとした出来事がきっかけとなって、マイキャラを変えてしまう**のです。

ちなみに、成長の過程でたくさん褒められる経験があったり、人と比べることをしなかったり、成功体験が多い場合には、「自分はできる人間」というマイキャラが確立されますし、

実際にそのような人はいます。
しかし、そのような人は多くはなく、みんな何かしら自分の中にネガティブなものを持っているものです。

「無意識に決めたマイキャラ」を変える3つのステップ

幼いころから成長の過程において、無意識に自分で創ったマイキャラ。
前述したように、人はそのマイキャラの持つ波動どおりの現実を経験します。
それはつまり、

「マイキャラを変えることができれば、現実は変わる！」

ということを意味します。

そんなことは可能なのかというと、ズバリ可能です！

マイキャラは、様々な出来事の過程において、そのときの自分が「自分は○○な人間」という思い込みで決めたことなので、現在の自分からもう一度決めなおすことができます。

ただし、過去に決めたことではあるのですが、決めたその後に「やっぱり自分は○○な人間なんだ」と納得できる現実を何度も何度も経験してきているので、簡単にすぐに決めなおすことができるかというと、なかなか難しいでしょう。

今から素敵なマイキャラを創るためには、正しい考え方や知識を学び、正しい手順を踏んでいくことが大事です。

さらに、**一連のステップに丹念に取り組んでいくことでマイキャラが変わり、波動が変わり、現実は変わっていきます。**

それでは、その一連のステップとはどのようなものかというと、次の3つになります。

ステップ1　ダメな自分を癒す
ステップ2　ダメな自分をゆるす

ステップ３　新しい自分を創る

次項から、それぞれを簡単に説明します。

ステップ１　ダメな自分を癒す

まず、最初のステップは「**ダメな自分を癒す**」です。

たとえば、風邪を引いた人が、いきなり健康で活発な状態になることは難しいでしょう。

まずはしっかりと睡眠をとって身体を休め、栄養を摂取し、身体の状態を整えることから始める必要があります。

それはメンタルでも同じです。

ネガティブなマイキャラを、いきなりポジティブなものにしようとしてもなかなか難しいものです。

特に今の自分に自信がなかったり、自分に対して否定的なマイキャラを持っている人は、過去の記憶の中に膨大な量のネガティブな記憶があります。
そんな人が「自分は素晴らしい存在」と思おうとしても、心の中で「そうはいっても……」という疑念が湧き上がり、それとともに過去の様々な場面の記憶がフラッシュバックして苦しくなってしまいます。

なので、最初は一気に変えようとするのではなく、まずは、

「ダメな自分を癒していく」

ことから始めてみましょう。

ちなみに、人生を変えようとしている人の多くは、ダメな自分を癒すことなく、無理矢理プラスに持っていこうとするために、プラスになるどころか、いつまでたってもマイナスに引っ張られ、結果としてなかなかうまくいかないことが多いのです。

ステップ２　ダメな自分をゆるす

マイキャラをポジティブなものにするために必要な２つ目のステップは、「ダメな自分をゆるす」です。

ゆるすとは、許すではなく、「**赦す**」と書きます。

この字は「**受け入れる**」という意味を持ちます。

つまり、「**ダメな自分、情けない自分、できない自分、怠ける自分、様々なネガティブな自分が自分の中にいるということを受け入れる**」ということです。

通常、多くの人は、このダメな自分に代表される「ネガティブな自分」を克服しようとします。

ネガティブな自分を克服すれば素晴らしい自分になれて、人生が素晴らしいものになると考えているからです。

しかし、**ネガティブな自分は克服することはできません。**

後の章で詳しく解説していきますが、人はみな「多重人格」です。

自分の中に様々な自分がいて、そのときそのときで、様々な自分が入れ替わります。

頑張れない自分に悩んでいる人も、人生全般で頑張れなかったかというとそうではないでしょう。

親や先生が「頑張るべき」と強要してくることが頑張れなかっただけで、たとえば本を読んだり、絵を描いたり、ゲームをしたり、サッカーをしたり、といった、自分が大好きなことについては時間を忘れて夢中になったという経験がある人も多いと思います。

それはつまり、自分の中に「頑張れない自分」も「頑張る自分」もいるということです。

また、テレビなどで多くの人が感動する番組を見ても、どこか冷めた自分がいて、自分のことを「冷たい自分」と否定的に思っている人もいます。

でもそういう人であっても、大好きなおじいちゃん、おばあちゃん、かわいがっていたペットが亡くなったときには悲しい気持ちになったり、大好きな友達が困っていることがあったら、何とか力になれたらと思う自分がいたりします。

このようにどんな人の中にも様々な自分がいて、ときと場合によってどんな自分が出てくるかが変わります。

ダメな自分もいて当然なのに、多くの人はダメな自分だけを消そうとします。

じつは、その行為には2つの問題点があります。

1つ目は、「**そもそもダメな自分を克服することはできない**」ということです。

ダメな自分は、決してなくなりはしません。

決してなくならないものをなくそうとすることそのものが無駄な努力になってしまいます。

そして問題点の2つ目は、「**ダメな自分を克服しようとすると、ダメな自分の現実が増える**」ということです。

これも後の章で詳しく解説しますが、ダメな自分を克服しようとすると、ダメな自分のせいで起こるネガティブな出来事が現実の中で増えます。

つまり、ダメな自分は克服もできないし、克服しようとすると泥沼に陥るということです。

ダメな自分をゆるす、つまり受け入れる。

それによってダメな自分にとらわれなくなるため、マイキャラをポジティブなものに変えていくことができるのです。

ステップ３　新しい自分を創る

ダメな自分を癒し、ダメな自分をゆるしていくことで、いよいよポジティブな新しい自分、「新マイキャラ」を創っていくことができます。

どんな人にも、ポジティブな自分がいます。

つまり、すごい自分、素敵な自分、できる自分はどんな人の中にもいます。

ポジティブな自分がいるのに、その自分を認識できていないのは、

①受け入れていない

②気づいていない

③まだ開花していない

という3つの理由があります。

①受け入れていない

特にネガティブなマイキャラの人は、自分の中にすごい部分や素敵な部分があったとしても、それを受け入れません。

たとえ人から「〇〇なところがすごいね！」「〇〇な部分が素敵ですね！」と言われたとしても、お世辞だと思ったり、何か裏があるはずと疑ったりして、すごい部分や素敵な部分を受け入れない傾向が強いのです。

②気づいていない

人は、自分にとって当たり前にできることに関しては、たとえ世の中の多くの人にとって見たらすごいことであっても、自分ですごいと気づかないものです。

彼らは「みんなが、何でできないのかわからない」とか、「みんなは、やろうとしていないだけ」と思っているのです。

そうやって自分の中のすごい部分をすごいと気づいていないのです。

③まだ開花していない

じつは、これが一番の要因ではあるのですが、**世の中のかなり多くの人が、自分の中のすごい部分が開花していない状態です。**

すごい人は才能あふれる人だったりします。

多くの人が誤解しているのは、「自分には才能がない」と思っていることです。

才能はないのではなく、**「まだ開花していない」だけです。**

開花させれば才能あふれる人になります。


それでは、**才能はいつ開花するかというと、必要なときに開花する**ようになっています。

つまり、今才能がないという人は、これまでの人生で才能が必要なときがなかっただけということです。

ただし、そこにもマイキャラの影響が色濃く反映しています。

才能が必要なときというのはいつかというと、「今までやったことがなかったけど、やってみたいことにチャレンジするとき」だったりしますが、自分はダメな人というマイキャラであれば、そもそも様々なことにチャレンジすることもしません。

チャレンジしないから才能も開花しません。

だからこそ、まずはダメな自分を癒し、ゆるし、そこから新しい素敵な自分を創っていくことがポイントになります。

このように多くの人の中には、ポジティブな自分は、本当はあるのです。

本当はあるのに、開花していないのは、「受け入れていない」「気づいていない」「まだ開花していない」ということが理由であれば、その逆をすれば開花していきます。

つまり、

・受け入れていないポジティブな自分を受け入れる
・気づいていないポジティブな自分に気づく
・開花していないポジティブな自分を開花させる

ということ。

それら一連のことを実施していくことで、新しい自分のキャラを創っていくことができます。

この後の章では、

ステップ１　ダメな自分を癒す
ステップ２　ダメな自分をゆるす
ステップ３　新しい自分を創る

として、それぞれの考え方、方法をお伝えします。

一つずつ丁寧に取り組み、少しずつポジティブなマイキャラを創っていってください。

第2章

ネガティブなマイキャラを変える

ステップ1 ダメな自分を癒す

ネガティブなマイキャラは、過去のネガティブな経験から出来上がったものです。

そして、それらネガティブな経験をしたときの悲しさ、悔しさ、腹立たしさといった「ネガティブな感情」が、私たちの人生に多大な影響を及ぼします。

日常的にネガティブな出来事、たとえば腹立たしいことや悲しいことがたくさん起こる人は、内側にネガティブな感情をたくさん溜め込んでいることが多いのです。

つまり、ネガティブな感情が多い人は、日常の中にあるポジティブなことよりも、様々なネガティブなことに反応してしまうからです。

そんな現実を変えるためには、**「ネガティブな感情をデトックスする」ことが大切**です。

つまり、「自分を癒す」ことです。

「自分を癒す」とは、ネガティブな感情をクリアにすることです。

そのためにとても効果的な方法が、この章で紹介する「ぐるぐるワーク」です。

ぐるぐるワークは、とても簡単な方法です。

以前、「家にいて、自分一人でいつでも取り組める方法はないか？」と考え、様々な方法を試行錯誤しながら編み出した方法です。

これまで多くの方が実践し、現実に変化が起こっています。

あなたも、ぜひ実践してみましょう。

前章でお伝えしたように、過去に自分が創ったネガティブなマイキャラを、今からポジティブなマイキャラに創り変え、人生をやりなおすためには、

ステップ1　ダメな自分を癒す
ステップ2　ダメな自分をゆるす
ステップ3　新しい自分を創る

という3つのステップが必要です。
この章から一つずつ始めていきましょう。
まずは「**ダメな自分を癒す**」ことから。

いきなりポジティブに変えようとするのは逆効果

かつて私がコンサルタント駆け出しのころ、お客様にポジティブなアファメーションを唱えてもらうことを実施しました。

アファメーションとは、なりたい自分を完了形の言葉にして、唱えていくという自己説得の手法です。

たとえば、

「私は私を信じます」
「私は素晴らしい存在です」
「私は愛されています」

といったポジティブな言葉を朝、昼、夜に唱えてもらいました。

なぜ、それをやってもらったかというと、本などで、

「なりたい自分を完了形にし、その言葉を唱えるとそれが潜在意識に刷り込まれ、本当にそのようになっていく」

と書かれていたからです。

それを信じ、お客様に取り組んでもらいました。

するとどうなったかというと、**取り組んだ人のほとんどが、しばらくしたら苦しみ出したのです。**

おかしいなと思い、何人にも試しました。

しかし、みなさん一様に苦しみ出すのです。

いきなりポジティブなマイキャラを創ろうとすると、多くの人は苦しみます。

それはなぜかというと、**これまでの人生で、時間をかけて創り上げたネガティブな自分が癒されていないから**です。

ネガティブなマイキャラは、過去のネガティブな経験から出来上がったものです。

認められず悲しかった経験、負けて悔しかった経験、思い通りにいかずに腹立たしかった経験……、たくさんのネガティブな経験からネガティブなマイキャラは出来上がっています。

そして、それら**ネガティブな経験をしたときの悲しさ、悔しさ、腹立たしさ**といったネガティブな感情が、私たちの人生に多大な影響を及ぼします。

ポジティブなマイキャラを創ろうとしたときに苦しむのは、じつはこのネガティブな感情が影響するからです。

詳しいメカニズムは後述しますが、「私は私を信じます」と唱えたとき、過去の自分を信じられなくなったときの記憶と、それにまつわる悲しい感情や悔しい感情が出てきます。

同じように「私は素晴らしい存在です」と唱えると、過去の自分が素晴らしいと思えなかったときの記憶と、それにまつわるネガティブな感情が出てきます。

つまり、ポジティブなマイキャラを創るには、まずは過去の感情を癒していく必要があります。

その前に、私たちの記憶の中にあるたくさんのネガティブな感情とその影響について、詳しく解説しましょう。

脳は、思い出と感情をセットで覚えている

私たちの脳の中には、たくさんの記憶(思い出)が入っています。

自分が何かのシチュエーションに遭遇したときや何かに取り組もうとしたとき、それにまつわる記憶が引き出され、その現実に対処します。

たとえば昔流行っていた曲を聴いたとき、その当時の出来事を思い出します。

それは、記憶の中にその曲を聴いたときの出来事の記憶がたくさんあり、それを聴いたことで脳がその出来事の記憶を引き出したからです。

楽しい思い出の場所に行くと楽しくなり、悲しい思い出の場所に行くと悲しくなるのも同じ理由です。

また私たちの脳の中では、記憶はあえて「あいまい」に入るようになっており、**過去の出来事と「似たような出来事」が起こったときも同じように記憶が引き出されます。**

たとえば、ある人との楽しい思い出をたくさん持っている人がいます。

その人と似たような人を街中で見かけたとき、違う人であるにも関わらず、そのある人との楽しい思い出が蘇ったりします。

「デジャブ」（既視感）と呼ばれるものも同様です。

デジャブとは、初めて訪れる場所なのに、来たことがある場所と感じたり、初めて遭遇するシチュエーションなのに、前に一度遭遇したことがあるような気がする現象のことです。

それは、その場所は初めてであり、初めてのシチュエーションではあるのですが、過去に「似たような場所」に訪れたり、「似たようなシチュエーション」を経験しているから感じることです。

さらに大事なポイントは、**脳の中の記憶が引き出されたときに、感情も一緒に経験する**ということです。

脳の中には、記憶（思い出）は感情と一緒に入っていることが多いからです。

脳の中に一緒に入っているため、記憶と感情はセットになって引き出されます。

つまり、楽しかった思い出が引き出されたときには楽しい感情も出てくるのです。

うれしかった思い出が引き出されたときにはうれしい感情が、悲しかった思い出が引き出されたときには悲しい感情が、腹立たしい思い出が引き出されたときには怒りの感情が、それぞれ一緒に出るようになっています。


さて、ここで「その記憶はどうやって脳に入っているのか？」ということに注目してみましょう。

そもそも過去の記憶は、どのような形で脳の中に入ったのでしょうか。

そこに先ほどお話しした「ポジティブなマイキャラを創ろうとすると、多くの人は苦しむ」ということの答えがあります。

脳は、肯定形と否定形を区別できない

前項にて、

「『私は私を信じます』と唱えたとき、過去の自分を信じられなくなったときの記憶と、それにまつわる悲しい感情や悔しい感情が出てきます。

同じように『私は素晴らしい存在です』と唱えると、過去の自分が素晴らしいと思えなかったときの記憶と、それにまつわるネガティブな感情が出てきます」

とお伝えしました。

なぜそういったことが起こるかというと、その答えが「**過去の記憶はどのような形で脳の中に入ったのか**」というところにあります。

よく脳は、肯定形と否定形が理解できないと言われます。

それは言い換えると、「**脳は、肯定形も否定形も同じものとして記憶する**」ということです。

つまり、「**自分を信じることができた出来事も、自分を信じられなかった出来事も、脳の中では同じものとして記憶される**」ということです。

他にも素晴らしいと思えた出来事と素晴らしいとは思えなかった出来事、愛された出来事と愛されなかった出来事、達成できた出来事と達成できなかった出来事などは、それぞれ同じものとして記憶されています。

そして前述したように、それぞれの記憶には感情もセットになって入っています。

そのため「私は私を信じます」と唱えたとき、自分を信じることができた出来事の記憶だけでなく、自分を信じられなかった出来事の記憶も出てきて、それと同時に信じられなくて悲しかった感情や悔しかった感情、情けないと感じた感情なども引き出されます。

つまり、

「私は私を信じます」↓信じられなかったときの悲しさ、悔しさ、情けなさを感じる
「私は素晴らしい存在です」↓そうは思えなかったときの悔しさ、腹立たしさを感じる
「私は愛されています」↓愛されなかったときの悲しさ、怒りを感じる

といったことが起こります。

「ポジティブなマイキャラを創ろうとすると、多くの人は苦しむ」ということの裏には、こういったメカニズムが働いているのです。

ネガティブな感情が日常に与える影響

ここまでお伝えしたように、私たちの内側には、たくさんのネガティブな感情が溜まっています。

日常的にネガティブな出来事、たとえば腹立たしいことや悲しいことがたくさん起こる人は、内側にネガティブな感情をたくさん溜め込んでいることが多いのです。

それはどういうことでしょうか。

じつは、日常的にネガティブな出来事がたくさん起こる人も、平穏な日々を送っている人も、現実に起こっていることは大差なかったりします。

私たちの脳は現実に起こったことによく似た記憶を引き出し、記憶とセットになって入っている感情とともにその現実を経験します。

ネガティブな出来事がたくさん起こる人は「たくさんのネガティブな感情が溜まってい

る人」で、ある出来事が起こったときにそれにまつわる記憶とともにネガティブな感情を経験します。

だからネガティブな感情が多ければ多いほど、現実の様々なことにネガティブに反応してしまうということです。


一方、平穏な日々を送っている人は「ネガティブな感情が少ない人」で、同じような出来事が起こっても引き出されるネガティブな感情が少ないために、その出来事を「ネガティブ」と思いません。

ネガティブな出来事がたくさん起こる人には「ネガティブ」と感じることも、平穏な日々を送る人には「ネガティブ」と感じません。

だから、同じ現実を生きていても「平穏」と感じます（51ページイラスト参照）。

ネガティブな感情がたくさん溜まっていると、それだけたくさんのネガティブな出来事を経験するわけです。

これは言い換えると、**「ネガティブな感情が溜まっていることで、ネガティブな出来事**

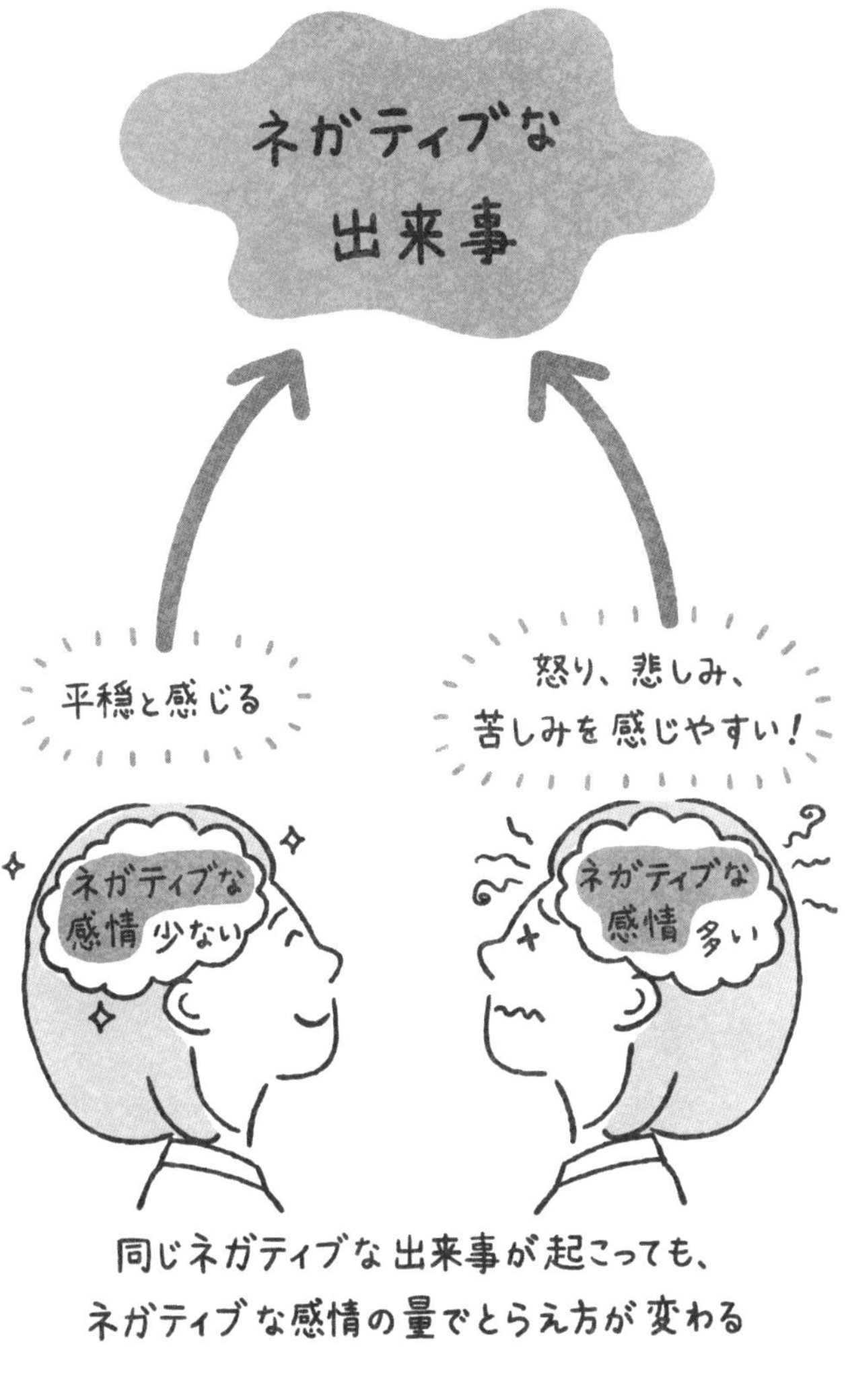
ネガティブな
出来事
平穏と感じる
怒り、悲しみ、
苦しみを感じやすい!
ネガティブな
感情
少ない
ネガティブな
感情
多い
同じネガティブな出来事が起こっても、
ネガティブな感情の量でとらえ方が変わる

が起こる」ともとらえることができます。

このように内側に溜まるネガティブな感情は、私たちの日常に様々な影響を与えます。

そんなネガティブな感情ですが、じつはお掃除、デトックスすることができます。

しかし、デトックスすることなく溜め込んだままにしていると、ただ単に現実の中でネガティブに感じる出来事が増えていくだけではなく、最終的には事件や事故に巻き込まれたり、けがや病気になったりと、人生において様々なネガティブなことが起こってしまいます。

そうならないためにも、ネガティブな感情をデトックスしていく必要があります。

自分を優先的に大切にする

ネガティブな感情が少ない平穏な日々を送っている人は、過去にネガティブなことを感じる経験がなかったのではありません。

ネガティブな感情がたくさん溜まっている人と同じように、ネガティブな出来事を経験しています。

平穏な日々を送っている人は、そのネガティブな感情をクリアにしてきたということです。

逆に、ネガティブな感情が溜まっている人は、その都度感情を溜め込んできています。

なぜそうなるのでしょうか。

それは多くの人が、

①ルールで自分を抑え込んでいる
②他人を優先する

ということをしてしまっているからです。

①ルールで自分を抑え込んでいる

私たちには、**無意識的に信じてしまっているルール**というものがあります。

それは**「〇〇しなければならない」「〇〇してはいけない」といったものや、常識や道徳観、倫理観といったもの**です。

そういったルールの中でも、「怒ってはいけない」「ネガティブではいけない」「泣いてはいけない」「感情的になってはいけない」といったルールによって、感情を発散せずに溜め込んでしまう人が多いのです。

②他人を優先する

世の中には様々な人がいますが、**「自分のことよりも周囲のことや他人のことを優先しがちな人」**がいます。

たとえば、自分は嫌だけど、みんながやるというから我慢してやるという人や、会社や組織のために自分を押し殺して従う人、空気を読んで自分を押し殺してしまう人などが当てはまります。

そういう人は自分のことは二の次なので、たとえ怒りや悔しさといったネガティブな感情を感じたとしても、それを発散せず、内側に溜め込んでしまいます。

そうやってネガティブな感情を溜めに溜め込んでしまうと、前述したように、日常にネガティブな出来事が増えたり、最終的には事件・事故に見舞われたり、けがや病気になってしまうのです。

平穏な日々を送るためには、自分を抑え込んだり、他人を優先するのではなく、ルールに縛られず、**自分を優先的に大切に扱い、その感情をクリアする**ことです。

それは「**自分を大切にする**」ということでもあるため、**自分に対しての癒し**になりますし、発散することで感情をクリアに、つまりデトックスできることになります。

内側に溜まったネガティブな感情をデトックスすると、現実に反応して引き出されるネガティブな感情がなくなるため、平穏な日々を送っている人と同様に、日々が穏やかなものに変わっていくのです。

ネガティブな感情をデトックスする「ぐるぐるワーク」

ここまでお伝えしてきた、私たちの内側に溜まっているネガティブな感情ですが、それは簡単なワークでデトックスすることができます。

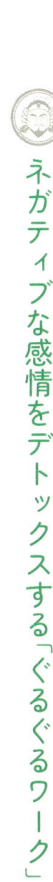

とても簡単ですが、作用は強力ですので、ぜひ実施してみてください。

【ぐるぐるワーク】(58ページイラスト参照)

①白紙とペンを用意します。

※ペンはインクがすぐになくなるため、100円ショップで売っているような安いペンをお勧めします。

②負の感情を思い出しながら、白紙にグルグルと円を描くように書きなぐってください。

過去の誰か(両親、兄弟、祖父母、親戚、先生、友達、自分自身……)への悲しみ、憎しみ、怒り、くやしさ、苦しみ、満たされない想いなどそれらを思い出しながら、手はぐるぐると動かし、白紙に書きなぐってください。

グルグルと書きなぐることで、それにまつわる感情が紙に吐き出されていきます。

また過去の出来事を思い出しているうちに、自然とそれに関連する様々な出来事がフラッシュバックすることもありますし、未来のことを想像していると、急に過去の出来事を思い出すこともあります。

そんなときは、思い出すことに任せながらぐるぐると書きなぐってください。

③また思い出す過程でその思いを言葉にしたくなることもありますし、言葉にしたほうがより感情が出やすい人もいます。

そんな場合は、その言葉を口にしてもいいので、言葉を発しながらぐるぐると書きなぐってください。

④すべてのことを一通り終えたら紙をビリビリに破り、できれば火で燃やしてください。

燃やすことでその感情が浄化されていきます。

火で燃やすことが怖い方は、水に溶ける紙があるので、それを買ってきてその用紙に書き出し、最後は水に流していただいても結構です（トイレで流しても大丈夫です）。

ぐるぐるワーク

1
白紙とペンを用意
2
負の感情を思い出しながら紙にぐるぐると書きなぐる
3
思いを言葉にする
くやしい!!
腹立つ!!
最低!!
なんでだよ!!
4
紙を破り火で燃やす or 水に流す
ビリ
ビリ

週に1度、月に1度など定期的に実施する

この「火で燃やす」、もしくは「水に流す」をするかしないかで効果は大きく変わるため、ここまでやって完了させてください。

人の心の中には、これまで生きてきた中で経験した膨大な量の感情が入っています。

それを意識の中では忘れていたとしても、それを思い出せないというだけで感情がないわけではありません。

たくさんの感情があるため、このワークは1度だけでなく、最初のうちは何度も何度も取り組んでみてください。

1カ月ほど集中的に取り組んだ後も、自分の成長に応じて様々な感情が出てきますので、週に1度や月に1度など定期的に取り組むようにしてください。

「ぐるぐるワーク」でよくあること

ぐるぐるワークによって感情をデトックスしていくと、

①嫌なことが起こってもとらわれなくなる
②悩みにくくなる
③嫌な人が優しくなったり、いなくなる

といったことが起こったというお話をよく聞きます。

①嫌なことが起こってもとらわれなくなる

普通に現実を生きていると様々なことが起こります。

もちろん嫌なことも起こってきます。

ぐるぐるワークを進めていくと、今までは怒りや悲しみなどを感じていたであろう嫌な出来事が起こったとしても、それに反応するネガティブな感情がなくなっているため、ネガティブに反応することもなく、その出来事にとらわれないようになります。

②悩みにくくなる

内側にネガティブな感情がたくさんあると、それだけ反応してしまう感情が多いため、

日常のありとあらゆることに一喜一憂してしまいますし、起こってもいないことに不安に駆られてしまうこともよくあります。

ぐるぐるワークを進めていくと、些細なことに反応していたそもそものネガティブな感情がなくなるため、一喜一憂することも、不安に駆られることも少なくなり、結果的に悩みにくくなっていきます。

③嫌な人が優しくなったり、いなくなる

ぐるぐるワークを進めていくなかで一番よく聞く驚きのエピソードが、「嫌だった人が優しくなった」とか、「折り合いが悪かった人が転勤になっていなくなった」というものです。

自分の内側にネガティブな感情がたくさんあるときには、現実を通して感情を発散することが起こります。

そして発散するための道具として嫌な人がいる場合があります。

ぐるぐるワークを実施して自分のネガティブな感情がなくなってしまえば、その嫌な人がいる必要がなくなるため、転勤になっていなくなってしまったり、その人が優しくなっ

たりすることがあります。

ぐるぐるワークに取り組んでいくと、このようなことがよく起こります。

「現実に何かあったら、とにかくまずはぐるぐるワーク」と思っておくくらいでちょうどいいでしょう。

実施すると、本当に事態が好転したり、「どっちでもいいや」という気持ちになって、問題ではなくなることが多いのです。

【注意事項①】どんなネガティブなことを出しても言ってもいい

ぐるぐるワークのことをお伝えすると、よくあるご質問を受けます。

1つ目は「**ネガティブなことを出すことに抵抗がある**」というものです。

どんな人の中にもドロドロとした感情はあるものです。

問題があるとすれば、それを解消できるのに、抱え込んだままで生きているということ。

抱え込んだままにしているから、様々に訪れる現実に対してネガティブな感情が出て、平常心ではいられなくなります。

このワークはそれらを吐き出し、解消するためのものです。

どんな感情があってもいいので、どんどん吐き出してください。

よくあるご質問の２つ目は「**ネガティブなことを言うと、ネガティブな現実が引き寄せられるのでは……**」というものです。

ぐるぐるワークをするときに、「悔しい！」とか「なんであんなことしたんだよ！」といったネガティブな言葉を発することもあります。

日本では言霊《ことだま》といって、言葉にエネルギーが宿るという考え方があり、言葉にすることでそれが現実になるという考え方もあるため、言葉にすることに抵抗がある方もいます。

しかし、ぐるぐるワーク中になぜその言葉を発するかというと、それが内側に溜まっているからです。

そして**このワークはその言葉を吐き出すワークなので、ワーク中にはむしろ思い切って吐き出したほうがいい**と思ってください。

吐き出し切れば、今後の人生で同じようなことを感じる機会がなくなると理解してください。

【注意事項②】「深いところにあるネガティブな感情」も吐き出す

たとえば、会社の同僚に腹が立ったことを思い出しながらぐるぐるワークに取り組んでいるとします。

そのとき、ふと15歳のころのエピソードを思い出すことがあります。

普段思い出しもしなかった記憶で、なぜそんなものが急に出るのかと思いますが、それは**同僚に腹が立った記憶と、15歳のころのエピソードは同じネガティブな感情でつながっているから**です。

ですので、そういった場合は同僚のことは脇において、15歳のころのエピソードを思い出しながらぐるぐるワークをしてください。

そうやって取り組んでいくと、今度は10歳のころ、6歳のころといった、様々な記憶が出てくることもあります。

それらも同じネガティブな感情でつながっている記憶なので、同じようにその年齢のときのことを思い出しながら、ぐるぐるワークを実施してください。

じつは6歳のころのネガティブな感情が発散されず、溜め込まれたままになっていたため10歳、15歳、そして今の同僚との出来事が起こっていることがあるのです。

ぐるぐるワークに取り組んでいくと、そういった「深いところにあるネガティブな感情」が少しずつ出てくることがあるので、一緒にデトックスしていきましょう。

【注意事項③】火で燃やす、水に流す理由

ぐるぐるワークの最後は「火で燃やす」か「水に流す」です。

たとえば、めんどくさいからとか、火が怖いからといった理由で、この部分を実施しない人が結構な数いるのですが、じつはこの部分はとても大事なので、ここまでしっかり取り組んでください。

日本は、古来から「お清め」の文化を大切にしている民族です。

神社仏閣では毎日お清めがなされていますし、私たちの日常でも家に帰ったら手洗い、うがいをするといったお清めの習慣が当たり前に取り入れられています。

ぐるぐるワークは感情のデトックスではありますが、言い換えると心の部分のお清めです。

そして紹介している「火で燃やす」「水に流す」というのもお清めの儀式です。

テレビなどで、燃え上がる火の前でお経をあげている護摩行というものを見たことがあると思いますが、それは火のエネルギーで不浄なるものを清める儀式です。

また神社に行くとお手水をして、口や手を清めますが、あれは水のエネルギーで自分を清める作法です。

さらに言うと大きな神社などには、祓戸《はらえど》神社といってお清め専門の神社があり、そこでお参りし、自分を清めてから本殿に入ります。

そんな祓戸神社で祀られている神様は祓戸大神《はらえどのおおかみ》という四柱の神様で、その四柱の中には瀬織津姫《せおりつひめ》という水にまつわる神様もいらっしゃいます。

また古来より日本では、起こった出来事をなかったことにすることを「水に流す」と言いますが、それも水で清めることから派生した言葉と考えられます。

このように**「火で燃やす」「水に流す」という行為は、溜め込んだ感情をデトックスするのにとても有効な手段**です。

この部分をやるのとやらないのとではスッキリ感がまったく異なるので、ぜひ省かずに取り組んでください。

ちなみに、火で燃やすことについて「火事が心配」という方がいらっしゃいますが、紙をビリビリに細かく破り、少しずつ燃やせば火はまったく大きくはなりませんので、小さく破って少しずつ燃やすようにしてください。

ただし紙を燃やすと臭いはしますので、換気はしっかりとするようにしてください。

第3章

ネガティブなマイキャラを変える

ステップ2 ダメな自分をゆるす

自分に自信がない人は、自分のネガティブなことにとらわれ、自分をネガティブなキャラクターに設定してしまっています。

でも、どんな人も本当は多重人格、つまり自分の中に様々なキャラがいるのです。

ただそこには「自分の法則」が働き、現実をコントロールしています。

【自分の法則1】今この瞬間に出てくる自分は一人だけ

【自分の法則2】それぞれの自分にはそれぞれの思考がある

【自分の法則3】意識を合わせた自分になる

【自分の法則4】自分の状態によって、どの自分にアクセスするかが変わる

【自分の法則5】そもそもダメな自分は消えない

【自分の法則6】まだまだたくさんの自分が隠されている

その法則にそって現実を見ると、「ダメな自分を克服する」ことがムダな行為なのです。
つまり、理想の自分になるためには、「ゆるす」ことです。

ゆるすことは、「受け入れる」ことです。
「**自分の中にダメな自分がいることを受け入れていく**」ことです。

ダメな自分をゆるす① 否定している自分をゆるす
ダメな自分をゆるす② 成長に隠されたダメな自分をゆるす
ダメな自分をゆるす③ ルールを守れない自分をゆるす
ダメな自分をゆるす④ ルールに縛られたダメな自分をゆるす
ダメな自分をゆるす⑤ 過去のネガティブな経験を持った自分をゆるす

そして、ワークができないときは、「セルフハグ」をしてみましょう。
毎日のお風呂で実践してください。

人は、自分の中に様々なキャラクターを持っている

自分に自信がなかったり、人生がなかなかうまくいかない人の多くは、自分の中のダメな部分や情けない部分、できない部分といったネガティブな自分にとらわれ、結果として「自分はダメな人」「自分は情けない人」「自分はできない人」というキャラを持ってしまっています。

しかし、**どんな人も本当は多重人格、つまり自分の中に様々なキャラを持っているのです。**

自分に自信がない人は自分の中のダメな部分を持ち出して、自分はダメな人というキャラに決めてしまっていますが、そんな人の中にもダメな部分だけでなく、いい部分や素晴らしい部分もたくさんあります。

そしてどんな人もいい人であり、悪い人ですし、優しい人であり、冷たい人で、頑張り屋さんであり、怠け者です。

そんな相反するキャラが自分の中にいて、それ以外にも様々なキャラがたくさんいます。

それが人間です。

「いや、私はいつも頑張れず、本当に怠け者なんです。自分の中に頑張り屋さんの自分がいるなんて思えません」

と言われたりしますが、それは自分を怠け者というキャラにしてしまっているからそう思うだけです。

もちろん怠け者な側面はあります。

「あなたは頑張り屋さんです！」

なんてことは思っていません。

そうではなく両方あるということ。

自分は怠け者と思ってしまっている人の多くは、じつは親が頑張ってほしいと思っていたことや、社会的に頑張るべきとされているものが頑張れなかっただけのことが多いです。

たとえば勉強とか、部活とか、習い事とかです。

そういう人であっても、自分が好きなこと、たとえばゲームをすることや漫画を読むこと、趣味のスポーツといったことに関しては、時間を忘れたり、親の目を盗んでずっとやったりといった経験があると思います。

つまり怠け者なのではなく、やりたくないことは頑張れないけど、やりたいことは頑張れるというのが正解で、頑張り屋さんの自分も怠け者の自分もどちらもいるということになります。


自分は冷たい人間と思っている人も同じです。

多くの人が感動するような感動モノのテレビ番組を見ても、自分はあまり心動かされない。

その結果、自分は冷たい人間なんじゃないかと思ってしまっている人は多いですが、そもそも冷たい人が「自分は冷たい」なんてことは思わないものです。

自分の中に優しい部分があるからそう感じます。

このように人は、たくさんのキャラがいる多重人格なのです。

自分の法則

前述したように人はみな多重人格ですが、そこには様々な「自分の法則」があります。

【自分の法則1】 今この瞬間に出てくる自分は一人だけ

私たちの中にある様々なキャラクターを持った自分。

たとえば、「前向きな自分」「ネガティブな自分」「優しい自分」「冷たい自分」「素晴らしい自分」「ダメな自分」等々たくさんの自分がいますが、**今この瞬間にアクセスし、出てくる自分は一人だけです。**

前向きな自分と冷たい自分が同時に出てくることはありません。

同時に出てくることはないのですが、出てくる自分はコロコロ変わります。

たとえば、朝起きたとき、深い睡眠がとれてスッキリ目覚めたときには「今日も頑張ろう！」と前向きな自分になれます。

しかし、通勤電車が満員で、ぎゅうぎゅうに押しつぶされそうになったり、隣の人の臭いがきつかったりしたときには「何なの!!」とイライラした自分になります。

会社について心機一転、「やっぱり今日も頑張ろう!!」と思えたときはポジティブな自分が出てきていますが、上司から要件のない「○時にデスクにきてください」というメールが送られてきたら、「何かやったんだろうか？」と心配なネガティブな自分にアクセスします。

このように自分の中に様々な自分がいますが、今出てきている自分は自分の中にある無数の自分の一人です。

【自分の法則２】　それぞれの自分にはそれぞれの思考がある

ほとんどの人は、自分で物事を考えていると思っています。

しかし、瞑想をしていると感じることなのですが、思考は自動的に頭の中に流れています。

瞑想ではその流れている思考を客観的に眺められるようになりますが、その状態になったときには、自分から離れたところで勝手に流れている思考を自分が見ている感覚になります。

そして、じつは、**たくさんある自分それぞれに思考があります**。

前向きな自分には前向きな思考が、ネガティブな自分にはネガティブな思考が、優しい自分には優しい思考が、冷たい自分には冷たい思考が、素晴らしい自分には素晴らしい思考が、ダメな自分にはダメな思考がそれぞれくっついています。

そして前向きな自分にアクセスしたときには自動的に前向きな思考が出るようになっていて、ネガティブな自分にアクセスしたときには自動的にネガティブな思考が出るようになっています。

ラジオをイメージしていただくとわかりやすいと思います(79ページイラスト参照)。
ラジオには様々な局があり、本当は今もこの瞬間も全局で放送は流れています。
そしてある局の周波数に合わせたら、その局の番組が流れ、別の局の周波数に合わせたら、その局の番組が流れます。

それと同じことが私たちの中でも起こっています。

なので、**思考を変えるためには思考を変えようとするのではなく、「どの自分にアクセスするのか」が大事**です。

【自分の法則3】 意識を合わせた自分になる

思考を変えるためには、どの自分にアクセスするのかが大事ですが、どうやったら望みの自分にアクセスできるかというと、**意識を合わせること**です。

車の運転をされる人や、スキーやスノーボードをされる人はわかると思いますが、車の運転でもスキーやスノーボードでも、自分が意識した方向に進むようになっています。

それと同じで、**自分の中の「どの自分に意識を向けるのか」がとても大事**です。

前向きな自分に意識を向けると前向きな自分が出てきてポジティブな思考になり、後ろ向きな自分に意識を向けると、後ろ向きな自分が出てきてネガティブな思考になります。

思考を変えるためには、ラジオのように
「どの自分にアクセスするか」が重要

【自分の法則４】　自分の状態によって、どの自分にアクセスするかが変わる

前述したように、どんな自分になるかは、どの自分に意識を向けるかで変わりますが、もう1つポイントがあります。

それは**自分の状態**です。

身体の状態、心の状態、エネルギーの状態、環境の状態、この４つの状態によって、どんな自分にアクセスするかが変わります。

たとえば寝不足だったり、疲労困憊で身体が疲れてくると、ネガティブな自分やダメな自分にアクセスするようになっています。

逆に、身体が元気なときにはポジティブな自分にアクセスします。

同じように心が満たされているといい自分にアクセスし、やさぐれているとダメな自分にアクセスします。

このように自分の状態によって、どんな自分にアクセスするかは変わります。

身体の状態：健康かどうか、服装、髪型などのチェック

心の状態：ネガティブな感情が溜まっていたらデトックスする
エネルギーの状態：マイナスエネルギーのお清め
環境の状態：良好な人間関係、部屋の整理整頓

これらの状態を整えていくことでいい自分にアクセスでき、自動的にいい思考が出てくるようになります。

【自分の法則 5】 そもそもダメな自分は消えない

どんな人にも自分の中に様々な自分がいて、今この瞬間には出てくる自分は1つだけです。

そして世の中の多くの人は、ダメな自分を克服しようとします。

ダメな自分を克服すればいい自分になれて、現実がよくなると思っているからです。

しかし、**ダメな自分が消えることはありません。**

一生自分の中に居続けます。

自分のことをダメだと思っている人は、ダメな自分にアクセスしやすい、ダメな自分が出やすいというだけであって、自分の中にいい自分がいないわけではありません。

ダメな自分は一生消えることはないので、**ダメな自分にアクセスしにくくし、いい自分でいられる時間を長くしていくことがポイント**です。

【自分の法則 6】 まだまだたくさんの自分が隠されている

ここまで人は多重人格で、自分の中に様々な自分がいることをお伝えしてきましたが、じつは今あるそれらの自分が自分のすべてではありません。

自分の中にはまだまだたくさんの自分がいて、開花されず、眠ったままになっています。できなかったことができるようになったり、今まで経験したことのない現実を実現していくには、それら眠ったままの自分を開花させていくことによって可能になります。

その方法については後の章でお伝えします。

ダメな自分は克服せず、ゆるすこと

ここまで、人はみな多重人格であることと、「自分の法則」というものをお伝えしました。このことを踏まえていくと、多くの人がやっている現実をより良いものに変えていくアプローチや「いい自分になろうとすること」などの矛盾が見えてきます。

多くの人は、現実をより良いものに変えていくために、

「ダメな自分を克服し、いい自分になる」

ということを実践しています。

かつて学校でもそう教えられたため、無理もない話です。

小さなころに悪さをしてしまったり、何か失敗をしたとき、

「そんなことではダメ！　そういう部分に気をつけていい子にならないと！」

と言われた記憶がある人は多いと思います。
そもそもこのアプローチが間違っているため、どれだけ現実を変えようとしてもうまくいきません。

何が間違っているのでしょうか。
それは「自分の法則」を振り返るとその問題点が理解できます。
ポイントとなるのは、

・そもそもダメな自分は消えない
・意識を合わせた自分になる

という2点です。
どんな人の中にも、どんな素晴らしい人であっても、その人の中にはダメな自分が存在します。

どんな人の中にでもダメな自分はいるのに、そのダメな自分を克服し、いい自分になるというアプローチは、「そもそもダメな自分は消えない」という観点から見ても無意味です。

さらに言うと、自分の法則では「意識を合わせた自分になる」ため、ダメな自分を克服しようとするとき、ダメな自分に意識を向けることになり、結局ダメな自分にアクセスすることになります。

そして、ダメな自分にはその自分の思考があるため、ダメな自分が出てきたときには、頭の中に流れてくる思考は自動的にダメなものになります。

つまり、**ダメな自分を克服するために、ああだこうだと考えを巡らすとき、本人はよりよくなるために前向きにやっていると考えているかもしれませんが、じつのところはダメな自分の思考がぐるぐる回っているだけ**となります。

つまり「ダメな自分を克服し、いい自分になる」というアプローチでは、いつまで経ってもいい自分になることはできません。

ではどうすればいいかというと、

「ゆるし」

です。

ゆるしとは、赦しと書きますが、これは「**受け入れる**」という意味の言葉です。

つまり、「**自分の中にダメな自分がいることを受け入れていく**」ことです。

というと、「ダメな自分を受け入れてしまったらダメになってしまう」と思われるかもしれません。

そうではありません。

前述したように、どんなに素晴らしい人であっても、その人の中にダメな部分はあります。

ダメな自分がいるからダメになるわけではありません。

ダメな自分を否定したり、その自分が出ないようにと意識を向けているから、その自分にアクセスし、ダメな自分が出てきてしまいます。

そうではなく、**ダメな自分がある自分自身を丸ごと受け入れ、それがある自分自身が素**

晴らしい存在であり、価値がある存在であり、愛され認められる存在であると決めることです。

そもそも人はみな多重人格です。

ダメな自分のすぐ横には素敵な自分がいます。

ダメな自分を否定しているときにはその自分にアクセスしてばかりですが、ダメな自分がいることを受け入れることで、他の自分にもアクセスできるようになります。

ただし、簡単にできるとは言ってはいません。

今まで散々こだわってきたことですから、すぐに変わるものでもありません。

でも、そもそも最初のもっともっと小さかった無邪気なころは、その部分をダメとも思っていなかったはずです。

そこから成長の過程で失敗することがあったり、怒られることがあったりする中で「こういう部分がダメなんだ」と決めていったに過ぎません。

過去の自分がダメと決めたことですから、今からの自分が決めなおすことは可能です。

しかし、これまでの人生でダメと決めたたくさんの出来事の記憶があるため、すぐには決めなおせないのも確かです。

これからお伝えするワークに丹念に取り組んでいただくことで、少しずつ見える世界が変わり、経験する現実が変わり、あるときふと「あぁ、自分の勘違いだった」と気づく日が来ます。

ぜひ焦らず、丹念に取り組んでいただければと思います。

ダメな自分をゆるす 1　否定している自分をゆるす

ここからは様々な角度から、「ダメな自分をゆるすワーク」をお伝えします。

ゆるしのワークの1つ目は、「自分が否定している自分」を受け入れることです。

まずは次のワークに取り組んでみてください。

【ワーク①】

自分の中で嫌いな自分、否定している自分、なりたくない自分を書き出してください。

【ワーク②】

①のワークで出た、嫌いな自分、否定している自分、受け取れていない自分、なりたくない自分それぞれについて、次の言葉を唱えてください。

できれば、ペンを持って、言葉を唱えながら白紙にぐるぐると書き、一緒にぐるぐるワークも取り組んでください。

私は○○です。そして、その私が素晴らしいということにします。

私は○○です。そして、その私が価値があるということにします。

私は○○です。そして、その私が愛され、認められているということにします。

【解説】

嫌いな自分、否定している自分は、その自分を持ち出して自分をダメと決めてしまっています。

その自分は数多いる自分の中の一人であって、その自分を持ち出し、過去の自分が自分自身を「ダメ」と決め、否定してしまっています。

このワークは、**過去の自分が決めたことを改めて決めなおすワーク**です。

ワークで書き出した自分一つひとつに対して言葉を唱えていただければいいのですが、唱えていくと感情が揺れたり、「でもダメはダメだ！」と不快に感じることが多々あります。

それはその自分について過去の記憶があり、無意識レベルでその記憶が湧き上がってきている状態です。

明確に感情が湧き出るものはわかりやすいですが、湧き出ていないものであっても自覚していないだけで、じつは感情が揺れていることもあります。

ですので、「ぐるぐるワーク」を実施してください。

唱えながら、その自分にまつわる感情を吐き出すことで、より決めなおししやすくなります。

できれば1週間ほど、毎日10分くらい唱えながらのぐるぐるワークに取り組んでみてください。

ダメな自分をゆるす２　劣等感をゆるす

次は「**劣等感をゆるすワーク**」です。
まずは次のワークに取り組んでみてください。

【ワーク①】
「なりたい自分」を書き出しましょう。どんな自分になりたいでしょうか。

【ワーク②】
「なりたい自分の反対の姿」はどんな自分でしょうか。それを書き出しましょう。

【ワーク③】
先のワークで出た、なりたい自分の反対の姿それぞれについて、次の言葉を唱えてください。

できればペンを持って、言葉を唱えながら白紙にぐるぐると書き、一緒にぐるぐるワークも取り組んでください。


私は○○です。そして、その私が素晴らしいということにします。

私は○○です。そして、その私が価値があるということにします。

私は○○です。そして、その私が愛され、認められているということにします。


【解説】

「今の自分から成長して何かになりたい」というのは素晴らしいことです。

すべての場合が当てはまるわけではありませんが、その中で自分を変えたいからという動機でそうしている人や、劣等感が原因でしている人などもいたりします。

そういった場合、いくら成長しても自分は変わらないですし、劣等感がなくなるわけではないので、出口のないループの中をぐるぐる迷走してしまうことになります。

ですので、**なりたい自分の裏に隠されているその逆の自分を受け入れていくことで、勘違いの劣等感はゆるされていきます。**

ダメな自分をゆるす3　ルールを守れない自分をゆるす

多くの人が「時間は守るべき」「友達を大切にするべき」といった「○○すべき」というルールや、「約束は破ってはいけない」「怠けてはいけない」といった「○○してはいけない」というルールを持っていて、それに縛られています。

そんなルールは、たとえば「よき友人としてすべきこと、してはいけないこと」「会社員としてすべきこと、してはいけないこと」「親としてすべきこと、してはいけないこと」など、ときと場合によって様々なものがあります。

そんな誰もが持つルールですが、**自分を否定している人ほどそのルールに縛られていることが多い**ものです。

自分を否定している人は、ルールに縛られるがあまり、ルールに従うことができる自分はオッケー、守れない自分はダメとなっています。

しかし、そもそも自分の素晴らしさも、価値も、ルールに従うかどうかは関係なく、たとえルールを守れなくとも、そのままの自分の価値はゆるぎない絶対のものです。

そこで、ルールを守れない自分に対してダメと決めているものを決めなおすことを実施します。

【ワーク①】

それぞれの立場において、自分が持っているルールを書き出しましょう。ただし当てはまらないものは書かなくて大丈夫です。

1　社会人として「すべきこと」「してはいけないこと」とは？
2　男性・女性として「すべきこと」「してはいけないこと」とは？
3　子どもとして「すべきこと」「してはいけないこと」とは？
4　親として「すべきこと」「してはいけないこと」とは？
5　友人として「すべきこと」「してはいけないこと」とは？
6　彼氏・彼女として「すべきこと」「してはいけないこと」とは？
7　夫・妻として「すべきこと」「してはいけないこと」とは？

8　会社員・個人事業主・経営者として「すべきこと」「してはいけないこと」とは？

【ワーク②】

書き出したルールの逆を許可系にして書いてみましょう。

（例）

［ルール］時間は守るべき→［ルールの逆］時間は守らなくてもいい

［ルール］約束を破ってはいけない→［ルールの逆］約束は破ってもいい

【ワーク③】

許可系にしたルールの逆のもの一つひとつに対して、次のように唱えながら「ぐるぐるワーク」を実施しましょう。

（例）「時間は守らなくてもいい」

私は時間は守らなくてもいい。そして、その私が素晴らしいということにします。

私は時間は守らなくてもいい。そして、その私が価値があるということにします。

私は時間は守らなくてもいい。そして、その私が愛され、認められているということにします。


（例）「約束は破ってもいい」

私は約束は破ってもいい。そして、その私が素晴らしいということにします。

私は約束は破ってもいい。そして、その私が価値があるということにします。

私は約束は破ってもいい。そして、その私が愛され、認められているということにします。


【解説】

もちろんルールは守ったほうがいいのは当たり前です。

しかし、守れないからといって、自分の存在そのものがダメになるのかというとそうではありません。

ここでは、**その縛りをなくすこと、そして守れなくてダメと決めてしまったものを癒**

していくことを意識してください。

ちなみに、**ルールとは、そもそも「相手に対しての思いやり」がベース**となって出来上がっています。

今後はルールにとらわれるのではなく、相手への思いやりを意識してみるといいでしょう。

たとえば、時間は守ったほうがいいですが、いつでも時間を守れるわけではありません。

誰かと待ち合わせをしたときに電車が遅延することだってありますし、何か緊急事態が起こって遅れてしまうこともあります。

そんなとき、その誰かへの思いやりがあれば、前もって連絡するとか、相手の時間を奪わないように配慮ができます。

このように**ルールそのものにとらわれるのではなく、根底にある「思いやり」を意識すれば上手に立ち回れるようになります。**

ダメな自分をゆるす４　ルールに縛られたダメな自分をゆるす

ルールに縛られているとき、そのルールを守れない自分をダメと思っていることが多いということは先ほどお話ししました。

じつは、ルールに縛られているときに陥るもう1つの罠があります。

多くの人がルールに縛られているとき、**理想的な何かになろうとしている**ことが多いです。

たとえば立派な、理想的な社会人になるために、「○○すべき」「○○してはいけない」というルールを持っています。

他にも理想的な子ども、理想的な親、理想的な彼氏（彼女）など、様々な**「理想的な自分になるためのルール」を設定している**ことが多いのです。

それに縛られているとき、じつは「理想的な自分ではない今の自分をダメ」と設定していることがあります。

ここでは、そのルールに縛られているダメな自分へのゆるしを実施します。

【ワーク①】

前項で書き出したルールを見て、「そのルールを守ることでどんな自分になろうと思っていたか、なるべきと思っていたか」を書き出しましょう。

（例）仕事ができる自分、優しい自分、包容力のある自分

【ワーク②】

ワーク①で書き出した自分の「逆の自分」を書き出してください。

（例）仕事ができない自分、冷たい自分、包容力のない自分

【ワーク③】

ワーク②で書き出した自分の一つひとつについて、次の言葉を唱えながらぐるぐるワークを実施しましょう。

私は○○です。そして、その私が素晴らしいということにします。

私は○○です。そして、その私が価値があるということにします。

私は○○です。そして、その私が愛され、認められているということにします。


【解説】


何度もお伝えしているように、人の中には様々な自分がいます。

たとえば優しい自分もいれば、その逆で冷たい自分もいます。

自分の気持ちに余裕があるときは優しくなるし、余裕がなかったり、むしゃくしゃしていると冷たくなります。

ここで出てきた「逆の自分」は自分の中にもあり、その自分もいていいので、その自分がいる自分そのものをゆるしてあげてください。

ダメな自分をゆるす５　過去のネガティブな経験を持った自分をゆるす

誰かを傷つけてしまった経験、人に迷惑をかけてしまった経験、取り返しのつかないことをしてしまった経験、大失敗の経験など、そんなネガティブな経験を持った人は、後悔や罪悪感でなかなか前に進めないことも多いです。
しかし、後悔や罪悪感にとらわれていても前に進むことはできません。
まずはそのことを真正面から受け止め、自分を決めなおすことが大事です。

【ワーク①】

今の自分がとらわれている、過去のネガティブな経験を書き出しましょう。

【ワーク②】

書き出した経験について、次の言葉を唱えながらぐるぐるワークを実施しましょう。

私には○○の経験があります。そして、その私が素晴らしいということにします。
私には○○の経験があります。そして、その私が価値があるということにします。
私には○○の経験があります。そして、その私が愛され、認められているということにします。

【解説】

後悔している過去、罪悪感を持つ過去、そんな過去の経験が自分をダメにしてしまうことはありません。

その過去を持っている自分を受け入れることを実施しますが、傷つけてしまった人や、迷惑をかけてしまった人がいる場合、なかなか受け入れることができないことも多いです。

とはいえ、傷つけてしまった人や迷惑をかけてしまった人に今更謝ることもできません。

厳しいお話ですが、過去を取り戻すことはできません。

しかし、自分をゆるし、素晴らしい自分に決めなおし、素敵な自分を開花させていく過程で、その傷つけてしまった人や迷惑をかけてしまった人によく似た人に出会うことがあります。

その人に出会ったときに、その人の力になってあげてください。

やってしまった過去を消すことはできませんが、その人の力になることで、やってしまった過去を活かすことはできます。

そのときになって初めて、少しだけ自分も、その経験も癒すことができます。

以上の様々な切り口のワークを通じて、ダメな自分をゆるし、受け入れてください。

そのままの自分を受け入れるために「セルフハグ」もおススメ

ここまでお伝えしてきたゆるしのワークは丹念に実施いただければと思いますが、改めて時間を取らないと実施できません。

今日からすぐにできて、できれば毎日取り組んでいただきたいワークがあります。

それが「**セルフハグ**」です。

ゆるしとは、今のそのままの自分を受け入れることです。

ワークを通して実施することは大事ですが、なかなかできないときには、

「今のそのままの自分を受け入れる行動をする」

ことで可能になります。
毎日お風呂に入っているときなど、どんなタイミングでもいいので、自分で自分を抱きしめ、

「大好きだよ」
「愛しているよ」
「今日もお疲れ様」
「よくやっているよ」
「自分を信じていいよ」
「自分を認めていいよ」

と言ってあげてください。
心の中で唱えるのではなく、**実際に言葉に出して言ってあげてください。**

お風呂でセルフハグをしながら、
自分に言葉をかける

とても簡単なワークですが、自分を否定していたり、自分を受け入れていないときにはなかなかできません。

心を込めて言う必要はありません。

棒読みでもいいですし、「ダ・イ・ス・キ・ダ・ヨ」と、ただ音を発するだけでも構いません。

とにかく自分を抱きしめ、自分を受け入れる音を発してあげてください。

第4章

ネガティブなマイキャラを変える

ステップ3　新しい自分を創る

ネガティブなキャラを癒しても人生はリセットされるだけで、プラスに好転していくわけではありません。

新しい自分を創るプロセスが必要になります。

マイキャラがネガティブな人は、「本当はポジティブな自分がいるのに、マイキャラとして認識できていない」ということが多いのです。

まずは、次のワークを実践して、ポジティブな自分を受け入れていきましょう。

「自己像」を確認する

「受け入れていない自分」を受け入れる

「まだ開花していない自分」を受け入れる

今まで自分が気がついていないマイキャラを掘り起こしたら、次は可能性として持っている「プラスのキャラ」を開花させます。

「プラスのキャラ」を開花する方法1　理想の自分のイメージを唱え、眺める
「プラスのキャラ」を開花する方法2　プラスの思いを込めた言葉や態度を意識する

それができたら、「未知の才能」を開花させましょう。

「未知の才能」を開花させる方法1　チャレンジする
「未知の才能」を開花させる方法2　試練に立ち向かう
「未知の才能」を開花させる方法3　3カ月の目標設定をする
「未知の才能」を開花させる方法4　理想の自分がやっていることで、今の自分ができることをする
「未知の才能」を開花させる方法5　理想の人物と同じ時間を共有する

「ポジティブな自分」がいるのに認識できていない！

ここまでマイキャラを変えていくにあたって、ネガティブなキャラになってしまう要因をケアしてきました。

しかし、**ネガティブなキャラを癒しても人生はリセットされるだけで、プラスに好転していくわけではありません。**

ここからは、新しい自分を創るプロセスに取り組んでいきます。

どんな人の中にもポジティブな自分、いい自分、素晴らしい自分、価値がある自分はあります。

前述したように、どんな人も多重人格で、自分の中にネガティブな自分しかいないということはありません。

前の章で、自分は怠け者だと思っている人にも頑張り屋さんの自分がいるとお伝えしました。

それと同様に、ダメな自分だけでなく、価値がある自分もいますし、冷たい自分だけでなく、優しい自分もいますし、悪い自分だけでなく、いい自分もいます。
つまり、「**自分の中には、ネガティブな自分とポジティブな自分は同じだけ存在する**」ということです。

マイキャラがネガティブな人は、「**本当はポジティブな自分があるのに、マイキャラとして認識できていない**」ということが多いのです。
本当はポジティブな自分があるのに認識できていない人は、

- **自分が認めていない**
- **まだ開花していない**

という状態です。

「**ジョハリの窓**」という概念があります。

この概念は、1955年、米国サンフランシスコ州立大学の心理学者であるハリ・インガム氏とジョセフ・ルフト氏が発表した「対人関係における気づきのグラフモデル」のことで、その後、この二人の名前にちなんで「ジョハリの窓」と呼ばれるようになりました。

この概念の中で、自分の中に次の四つの窓があると言っています（113ページ図参照）。

1 開放の窓：自分も他人も認識している自分
2 秘密の窓：自分は認識しているが、他人は認識していない自分
3 盲点の窓：他人は認識しているが、自分は認識していない自分
4 未知の窓：自分も他人も認識していない自分

これらのうち、自分が認識できている部分は「1 開放の窓」「2 秘密の窓」になります。

この章のテーマである**認識できていないポジティブな自分は「3 盲点の窓」「4 未知の窓」に該当**します。

この2つの窓を掘り起こすことで、自分の中にあるポジティブな自分に気づくことができるのです。

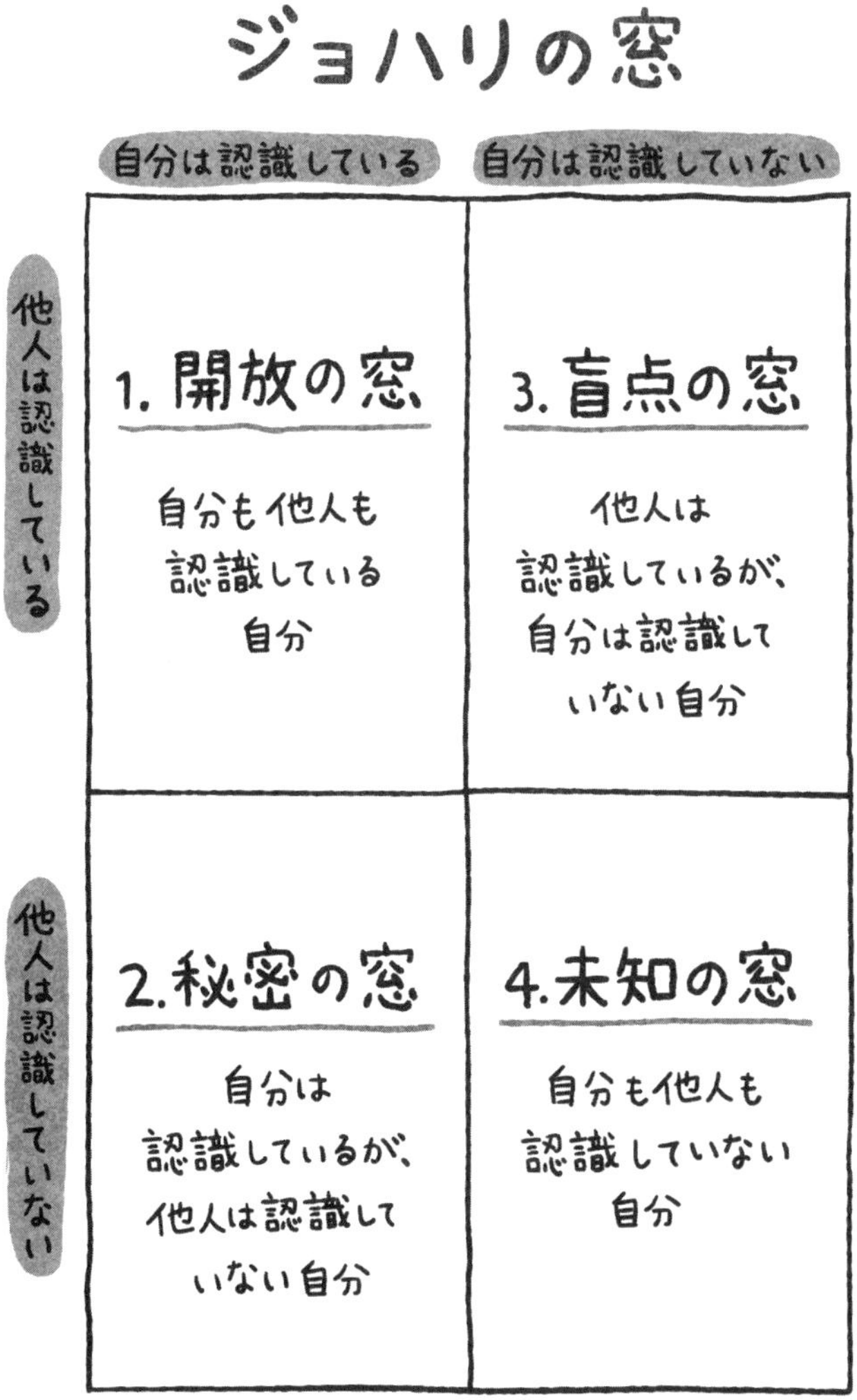

ジョハリの窓
自分は認識している
自分は認識していない
他人は認識している
他人は認識していない
1. 開放の窓
自分も他人も認識している自分
3. 盲点の窓
他人は認識しているが、自分は認識していない自分
2. 秘密の窓
自分は認識しているが、他人は認識していない自分
4. 未知の窓
自分も他人も認識していない自分

ちなみに、今まで持ってきたマイキャラは「1 開放の窓」「2 秘密の窓」を使って設定したものであるので、そこにプラスのものが加わっていくことでマイキャラは変化していきます。

ここからは、ワークを通して「3 盲点の窓」「4 未知の窓」を明らかにしていきましょう。まずは、次の「**自己像ワーク**」を実施してください。

このワークは、ネガティブなことは出さず、ポジティブなことだけを書くようにしてください。

【ワーク①】

① 自分の中で好きな自分を書き出してください

書き出した好きな自分に対して、人からも言われる場合は「a」、自分だけそうだと思っている場合は「b」とご記入ください。

② 客観的に自分はどんな人間だと思いますか?

書き出した自分に対して、人からも言われる場合は「a」、自分だけそうだと思っている場合は「b」とご記入ください。

③人から褒められること、よく言われることを、お世辞だと思うことも含め書き出してください

書き出したものに対して、自分もそうだと思う場合は「a」、自分はそうは思わないという場合は「c」とご記入ください。

④憧れる人、素敵だな、なりたいなと思う人を書き出してください

歴史上の自分や、映画や漫画の登場人物といった架空の人物などでもOKです。

⑤④で書き出した人のどんな部分（要素）が素敵だと思うのかを書き出してください

書き出した要素がすべて「d」になります。

（桑名の例）三浦知良：ひたむきな部分、自分の可能性を信じきる部分、努力する部分

ビートたけし：知性とユーモア、包容力

坂本龍馬：信念、小さな力で大きなものを動かす部分
甲本ヒロト：本質を生きる、シンプル

⑥日常の中でうらやましいと思う人を書き出してください

⑦⑥で書き出したうらやましいと思う人のどんなところにうらやましいと思うのかを書き出してください

書き出した要素がすべて「d」になります。

⑧普段関わる人など最低5名に「自分のいいところ」をお聞きください

お聞きした項目の中で、自分もそうだと思う場合は「a」、自分はそうは思わないという場合は「c」とご記入ください。

【ワーク②】

ワーク①で出たものについて、それぞれ次のように分類してください。

a：開放の窓
b：秘密の窓
c：盲点の窓
d：未知の窓

「すでに開花しているのに、自分は認識していない自分」を受け入れる

「盲点の窓」に分類された項目は「他人は認識しているが、自分は認識していない自分」です。

盲点の窓の項目を改めて見返すと、今まで様々な人に言われたことだったと思われるでしょう。

もしかしたら、様々な人に言われたとき、その都度、

「そんなことないのに……」

「この人は私のことを何もわかっていない」

「お世辞?」

と思われた方もいるかもしれません。

たとえば「気さくな人」「接しやすい人」と言われても、自分が「人見知り」と思い込んでいたら、人から言われたその「気さくな人」「接しやすい人」という部分は受け入れられないことも多いです。

しかし、これまでもお伝えした通り、どんな人も多重人格です。

「気さくな人」「接しやすい人」と「人見知り」は、自分の中でどちらもあってもおかしくないものです。

事実、筆者である私自身も、よく「気さくな人」と言われてきました。

しかし、それと同時に極度の人見知りでもあります。

小学生のころ、様々な学校から生徒が通っていた学習塾に通っていた当時、人見知りのためまったく知らない周囲の同級生になかなか話しかけられなかったのですが、あるとき勇気を出して隣の子に話しかけ、友達になれたことがありました。

そのことがとてもうれしくて、家に帰ったときに母親に話した記憶が今も鮮明に残っています。

私はそれくらい人見知りなのですが、昔から「気さくな人」とも言われます。

今も「じつは人見知り」と言うと、多くの人に驚かれます。

では、どちらが本当の私かというと、「**どちらも自分の中にある**」というのが正解です。

今はそのことを認識しているため、人見知りであることもありますし、気さくな自分に切り替えることもできるようになっています。

ちなみに、人に言うと誰もが驚かれる私の「人見知り」の部分は、「自分は認識しているが、他人は認識していない自分」である「秘密の窓」に分類される項目です。

このように人から褒められたりしたときに、「この人は私のことを何もわかっていない」と思うのはじつは勘違いで、その人は自分自身が認識できていない部分のことを言っているからであって、自分も自分のことをわかっていないというのが本当のところです。

そのことは常に意識しておいてください。


また「お世辞?」と思うこともあります。

それは、誰かが褒めてくれたことと、マイキャラに乖離があるときに起こりがちです。

たとえば自分は気が利かないとか、思いやりが持てないと思い、そんな自分に嫌気がさし、自分を否定している人が、「あなたはすごく思いやりがあって優しい人ですね」と言われても、「はぁ？　私はそれがなくて悩んでるんですけど!!　何か下心でもあるんじゃない？？？」と思うものです。

そうやって自分が思っているマイキャラと、褒められたことに乖離があればあるほど受け取れなくなってしまいます。

しかし何度もお伝えしますが、自分は自分のことをわかっていません。

というよりも、**「わかっていない部分（盲点の窓）」**があります。

しかし、それは自分がわかっていないだけであって、自分の中にないわけではありません。

あるのに認識していない、あるのに受け入れていないだけです。

その自分を受け入れてあげてください。

【ワーク】

先のワークで「盲点の窓」に分類されたそれぞれのものについて「私は○○です」と、毎日3回ずつ唱えてください。

最初のうちは過去のそうは思えなかった記憶と感情が出てきますので、「ぐるぐるワーク」をしながら唱えてください。

「本当はあるのに、まだ開花していない自分」を受け入れる

先のワークでdの項目、つまり**「未知の窓」に分類された部分は、「自分の中に本当はあるのに、まだ開花していない部分」**です。

「そんなのあるの？」

「いやーさすがにないでしょ？」

と思うかもしれません。

何せ未知の自分ですから、それは当然の反応だと思います。

しかし、そもそもなぜ自分は先のワークで出した憧れの人に憧れるのでしょうか？

憧れる人は本当に人それぞれです。

私は、キングカズこと三浦知良選手が大好きです。

前に人を介して直接お会いできるチャンスがありました。

ある人が「桑名さん、カズさんが好きなら一緒に会いに行きますか？」と言ってくださった方がいたからです。

私の心はときめきましたが行きませんでした。

なぜなら、好きすぎて、尊敬しすぎて何も話せないことがわかっているからです。


話はそれましたが、私はそれくらい三浦知良選手に憧れ尊敬していますが、みんながそうではないでしょう。

「なんで？」「どこが？」という方もいると思いますし、そこまでは思わなくとも「そこまで憧れる？」と思う方もいるでしょう。

また私は三浦知良選手に対し、「ひたむきな部分」「自分の可能性を信じきる部分」「努力する部分」に憧れるのですが、私と同じように三浦知良選手に憧れていても、実際に要素を書き出してみると、まったく異なる部分に憧れる人もいます。

多くの人が尊敬する偉人として挙げる坂本龍馬も同様です。

私は坂本龍馬に対し、「信念」「小さな力で大きなものを動かす」という部分をあこがれの要素として書き出していますが、人によっては「先見性」であったり、「行動力」「発想力」「決断力」といった部分を要素として挙げる人もいると思います。


なぜ、**人によって憧れる人が異なるのか、そして同じ人物でも憧れる要素が異なるのかというと、それは、「相手に対し、自分の中にあるものに共鳴する」からです。**

ないものは響かないのです。

では、**なぜ自分の中にそれがないと思うかというと、「まだ開花していないから」です。**

うらやましいと思う人の要素も同様です。

うらやましい人にうらやましいと思うのは、「自分もそうなれる」と知っているからであり、その要素は自分の中でまだ開花していない部分です。

では、それらがなぜ今ないのか？

それは、

・自分の中にそれがあると思っていなかった
・開花させようとしなかった
・今まで開花させる機会がなかった

といった理由があります。

どんな人の中にもたくさんの可能性（未知の窓）があるのに、多くの人がそもそもそれがあるとも思っておらず、「今の自分が限界」「もうこれ以上はない」と思っています。思っているどころか、そのことを疑うこともなく信じています。

可能性があるとも思っていないですから、そもそも開花させるアクションを取ることもありません。

ちなみに、**可能性が開花するには2つのきっかけ**があります。

1つは「**試練が訪れたとき**」、もう1つは「**チャレンジしたとき**」です。

試練やチャンスが訪れたとき、今の自分ではできないので、学んだり、新たなやり方を模索したり、創意工夫してやってみたり、人に相談したりと、今までやってこなかった様々なことを試します。

その一連のプロセスで少しずつ自分の可能性が開花していきます。

しかし、可能性があるとも思っていない人は、試練では諦め、チャレンジはそもそもせず、今までの自分で現実を生きていこうとし、これからの未来も今のままの自分を基準に考えます。

そうやって今まで開花させる機会がなかったため、今は可能性のままになってしまっています。

ここからは違います。

それは「ある」と知ったから。

「ある」ということを認識し、「ある」ことを意識していくことで、少しずつ開花していきます。

【ワーク】

先のワークで「未知の窓」に分類されたそれぞれのものについて「私は○○です」と、毎日3回ずつ唱えてください。

最初のうちは過去のそうは思えなかった記憶と感情が出てきますので、「ぐるぐるワーク」をしながら唱えてください。

「理想の自分」を創っていこう

「自分の中には、まだ気づいていない自分がいる」

ここまでのお話でそのことに対して少しは「そうかもしれない……」と思ってくれましたでしょうか。

ここからはもう少し話を深め、ワクワクできるようにしていこうと思います。

『見るだけで9割かなう！　魔法の宝地図』（KADOKAWA）という本をはじめ、夢を叶えるための宝地図というメソッドをお伝えされている望月俊孝さんという方がいらっしゃいます。

望月さんは20年以上前から、

「叶う夢だから心に宿る」

という素敵なメッセージを伝えられています。

言い換えると「叶えることができるから叶えたいと思う」です。

「また耳障りのいいメッセージ……」と呆れるかもしれません。

呆れるまではいかなかったですが、そのメッセージを初めて聞いた約18年前、私自身もそのことを信じてワクワクしたい気持ちと、「本当かな？」という気持ちの両方の気持ちを抱いたものです。

18年前の私は普通のサラリーマンで、しかも理系の研究的な仕事をしていたため、今の仕事に関することは何一つやっていませんでした。

そこから18年、セミナーに関わるようになり、講師になり、カウンセリングをするようになり、自分のプログラムをつくり、本を出版し、様々な会社のコンサルをさせていただき……、と様々なことを実現してきました。

先日その当時の夢リストが出てきたのですが、見返してみると、今は当時思い描いていた夢以上の人生を歩んでいます。

様々なことを実現するということは、可能性のままにしていた様々な自分を開花させてきたということです。

「叶う夢だから心に宿る」というのは、「叶う自分がいるから叶えたいと思う」ということ。何かをしたい、何かを実現したいと思うのは、自分の中にそれができる自分がいるからです。

逆に言うと、叶えるための自分がいるならば、その現実は叶います。

次のワークを実施し、実現可能な未来をイメージしてみてください。

【ワーク①】

先のワークで出した「c：盲点の窓」「d：未知の窓」を書き出してください。

c：盲点の窓

d：未知の窓

【ワーク②】

「盲点の窓」「未知の窓」が開花した自分をイメージしてください。

その自分は今の自分よりもかなり素敵な自分です。

その自分ならどんな現実を生きているでしょうか？

想像して絵にしてみてください。
・どんな服装？
・どんな表情？
・どんな場所にいる？
・まわりには人がいる？　いるならどんな人？
・どんなことをしている？

【解説】

ここで書き出した未来像は、今の自分には夢物語のような世界かもしれません。

しかし、これらは今の自分が気づいていない「盲点の窓」「未知の窓」をベースとして作成したもので、その現実は実現可能なものです。

盲点の窓、未知の窓を開花させていけば実現できるものなので、毎日少しの時間でいいのでこの絵を眺める時間を取るようにしてください。

ここまではマイキャラをプラスのものに変えていくために、自分の中にある今まで気がついていないマイキャラを掘り起こし、意識化するための方法をお伝えしてきました。

ここからは、さらに自分の可能性を開花するためのコツをお伝えしていきます。

「プラスのキャラ」を開花する方法1
理想の自分の絵を眺め、その内容を唱える

今の自分が可能性として持っているプラスのキャラを開花するには、ここまで掘り起こしてきた盲点の窓、未知の窓、そしてそれを開花した自分の絵を毎日「インストール」してください。

インストールとは、すでにワーク（114〜129ページ）でお伝えした、絵を眺め、その内容を唱えることです。

毎日3回ずつとお伝えしましたが、できれば朝・昼・晩に3回ずつインストールしていただくとより効果的です。

最初のうちは「ぐるぐるワーク」も併行しながら実施するといいのですが、ある程度した

ら唱えるだけで大丈夫です。

また「潜在意識に浸透させよう！」と意気込んで、感情を込めたりしながら取り組む方がいたり、棒読みで「これでいいのかな？」と不安になる方がいますが、**感情は込めず、ただ淡々と読むだけで大丈夫**です。


ただ、大事なポイントが1つあります。

それは「そうなろう」とするのではなく、**「もうすでにそうなっている」と思うようにすること**です。

盲点の窓、未知の窓の自分は、気づかなかったり、開花していないだけで自分の中にすでにあります。

なので**「思い出す」という感覚に近い**です。

「なろう！」と意気込むよりも、「もうすでにそうなっている」というくらいのほうが開花しやすくなります。


後述しますが、**それらが現実的に開花するのはそれらが必要なとき**です。

そのときになれば開花しますので、そのときを待つくらいの感覚で「(その自分は)もうすでにあるんだ。もうすでにそうなんだ」と思うようにしてください。

「プラスのキャラ」を開花する方法 2
プラスの思いを込めた言葉や態度を意識する

プラスのキャラを開花するには、**普段からの自分の言葉や態度はとても大事**です。

私たちの脳は自分が発した言葉を聞いていますから、何気なく言ったこともインストールされてしまうことがあります。

たとえば「〇〇さんは素晴らしいですね！」と褒められたとき、「そんなことないですよ」と言ってしまうと、脳はその言葉を聞き「自分は素晴らしくはない」という情報がインストールされてしまいます。

人から褒められたら、変に謙遜したり、お世辞だと怒ったりせず、意識して「ありがとうございます」と喜んで受け取るようにしてください。

日本人は、謙譲の美徳と言って謙虚であることに価値を見出す文化があります。

それは素晴らしいことではあるのですが、妙にへりくだることは謙虚さとは異なります。

そもそも相手が本心から褒めてくれているのに「いやいや」と受け取らないのは、ときには相手に不快に感じさせることもあります。

多くの人が謙虚さを間違っています。

人生がうまくいっている人は、謙虚ではありますが、変にへりくだることはありません。

自分に自信を持ち、自分の素晴らしさもきちんと認めており、褒められたことも受け取ります。

もしお礼を言って受け取ることに抵抗があるときには、「ありがとうございます。そう言っていただけると嬉しいです」と最低限否定はしないようにしてください。


人生がうまくいっている人は、それと同時に「お陰様」を常に感じています。

自分の価値や存在意義はしっかりと認めつつも、自分の現実は多くの人のお陰で成り立っていると感じるので、変に偉そうにせず謙虚に見えます。

自分に自信を持ちながらも、自分の力だけで生きているわけではなく、たくさんの人に生かされてもいる。

それこそが本当の謙虚なあり方です。

また、**人と比べて嫉妬したり、落ち込んでしまうことは避けたいことです。**

前述したように人に嫉妬したりするのは、自分の中にその要素があるからです。

そのことを踏まえ、人と比べて落ち込みそうになったときには、落ち込んでしまうのではなく、**「次は自分！」と意識を切り替え、自分の成長にエネルギーを注ぐ**ように心がけてください。

そういった**プラスの思いを込めた言葉や態度が、プラスのキャラを開花することにとても有効**です。

「未知の才能」を開花させる5つのポイント

ここまではプラスのキャラをインストールすることをお伝えしてきましたが、いよいよ可能性のままになっていた**「未知の才能」を開花させるコツ**をお伝えします。

そもそも人は、たくさんの可能性を開花させていません。

才能もしかりです。

才能が開花していないのは、才能がないのではありません。

才能がないのではなく、今までの人生で才能が開花するときがなかっただけです。

何度も言いますが、才能をはじめ、自分の中の未知の可能性が開花するときは、「それが必要なとき」です。

つまり、あなたの未知の才能を必要とするときには、必ず今は表に出ていない才能が現てきます。

未知の才能を開花するためには、次の5つのポイントがあります。

①チャレンジする

②試練に立ち向かう

③3カ月の目標設定をする

④理想の自分がやっていることで、今の自分ができることをする

⑤ 理想の人物と同じ時間を共有する

それでは、順にご説明しましょう。

「未知の才能」を開花させる方法 1
チャレンジする

かつてあるテレビ番組で、稀代のクリエーター3名の対談がありました。

音楽プロデューサーの小室哲哉さん、同じく秋元康さん、そして『YAWARA』や映画にもなった『20世紀少年』の著者である漫画家、浦沢直樹さんの対談です。

その対談の中で「クリエイティブになれる理由は？」という質問に対しての3名の答えは同じでした。

その答えは、

「締め切りがあるから」

でした。

「必要に迫られたときにアイデアが出る」のです。

チャレンジも同じです。

人には必要に迫られたときに開花するものがあります。

それこそ**「可能性のままにしていたもの」**です。

開花するのは才能だけではありません。

新たな視点、新たな視座、新たな知識、新たな人脈、新たなつながり、新たな仕事、新たな世界観、新たな行動範囲……。

多くのものが開花します。

私自身、サラリーマン時代は理系の研究的な仕事に就いていたため、今やっている仕事

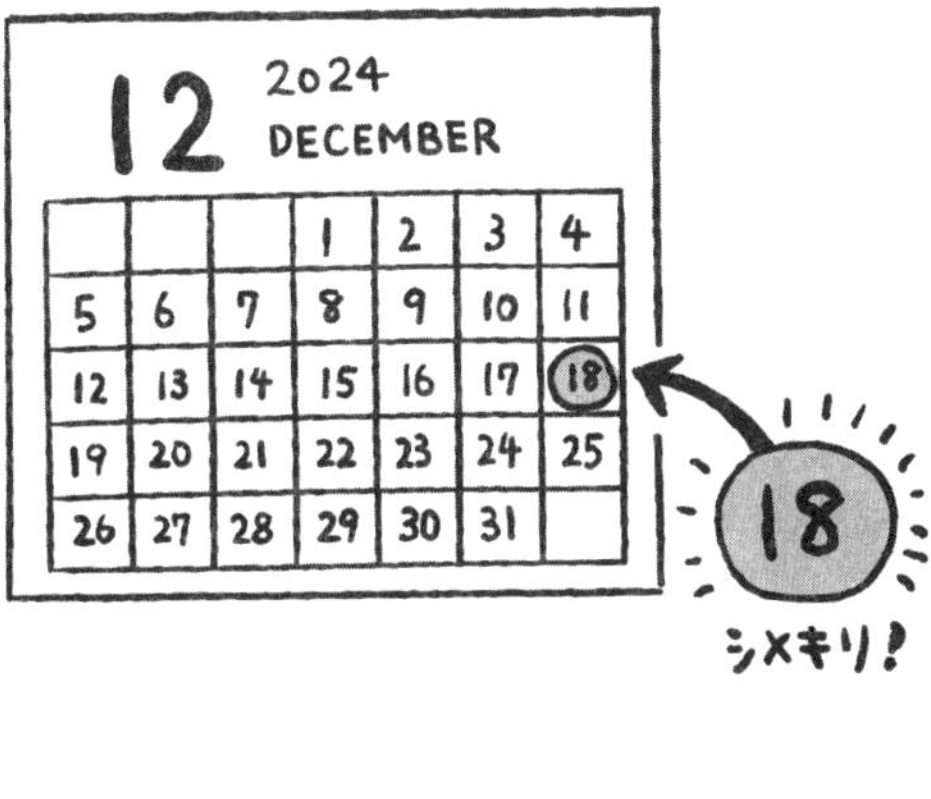

の才能も、人脈も、視点、視座も、当時の自分には一切ありませんでした。

当時の私が「自分には何もない……」と言ってそこで止まっていたら今の私はありませ
ん。

何もなかったからこそ動くしかありませんでした。

そして様々なことにチャレンジしていく中で、チャレンジがうまくいくように試行錯誤し、それまでなかったものが開花していきました。


私が仕事の中でチャレンジしたものでいうと、

・セミナーをやってみること
・セミナーを主催してみること
・自分で稼ぐこと
・カウンセリングをやってみること
・プログラムをつくってみること
・オンラインサービスをやってみること

・人に助けてもらうこと
・本を出すこと
・本を売ること
・YouTubeをやってみること
・コンサルティングを始めてみること
・全国で講演をしてみること

など、様々なことをやってきました。

チャレンジしたら達成することが必要なので、その都度やり方を考え、必要なことは学び、ときには人に聞いたりして、一つひとつできるようになっていきました。

できなかったことができるようになるということは、つまり可能性が開花したということで

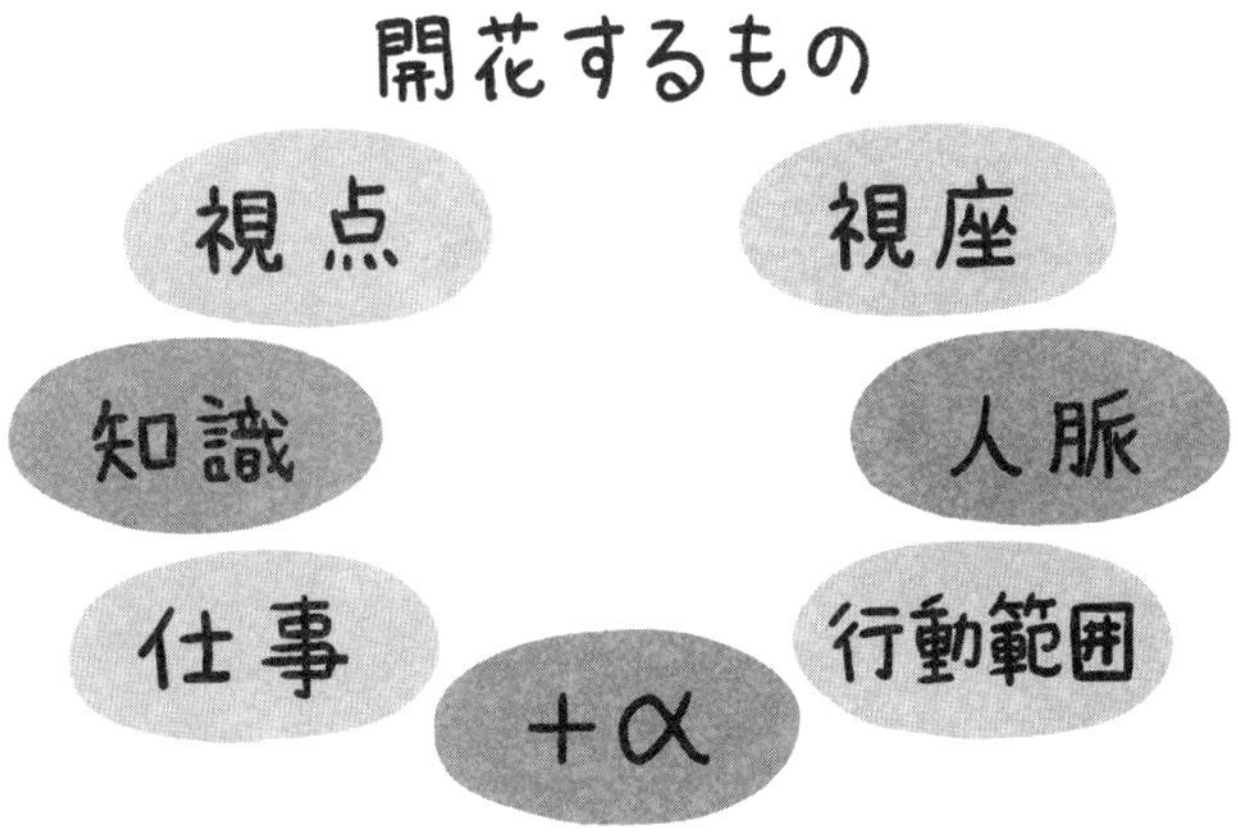

す。

もちろん今の私がこれで完成ということはないので、今もこれからのチャレンジのため、チャレンジ達成のために取り組んでいることがあります。

まずは「やってみたい」ことから始める。

とはいえ、そんな大きなことは抵抗があるという方もいると思います。

そんなときには、小さなことでもいいので、とにかく「**やってみたい！」と思ったことを行動に移す**ことをしてみてください。

大きなことは無謀なチャレンジになりがちなので、最初は小さなことのほうがいいでしょう。

また、やってみたいことが思い浮かばないなら、**以前から行ってみたいと思っていた場所に行く**ことなども有効です。

昔、名古屋在住の方から娘さんの相談に乗ってほしいと言われ、当時実施していた6カ月のプログラムを受けてもらうことになりました。

毎月、名古屋に行っていたので、その際に実施してもよかったのですが、「東京で毎月実施しているものに来てみれば……」と提案しました。

毎月東京に来ることで世界が広がると思ったからです。

その後、彼女は毎月東京に来られ、本当に見える世界が広がり、お会いした当初はとても内気だったもののすべてに積極的になり、非常に楽しそうにされていました。


じつは、これは私の実体験からのアドバイスでした。

私は、兵庫県の西の方の姫路市という町で生まれ育ちました。

そこはまさしく地方都市そのもので、私にとってテレビで見る東京の街並みは別世界で、自分の世界とは無縁のとても遠いものと認識していました。

その後大学、大学院は岡山で、就職は兵庫県だったため、東京に初めて来たのは25歳を過ぎたときでした。

ただの遊びで行ったのみでしたが、テレビの中でしか見たことのない景色が目の前にあり、自分の世界が一気に広がった気がして、結果自分のメンタリティーに大きないい変化をもたらすことになりました。

海外に行ってみたときも同様でした。

英語がからっきし苦手で、海外に行くことなんて怖いことこのうえなかったものの、いざ勇気を出して行ってみて「なんとかなる」という経験をすることで、世界観はぐっと広がりました。

もちろんただ行ってみるというだけでなく、行くまでに様々なことを調べたり、準備をしますが、その行為自体も「行く！」ということをしないと行わなかったことで、それら一つひとつが新たな自分を開花してくれます。

様々なチャレンジの形がありますが、まずは小さなことから取り組んでみてください。

「未知の才能」を開花させる方法 2
試練に立ち向かう

チャレンジが自分から能動的に実施するものに対して、試練はどちらかというと自分に降りかかってくるものです。

しかし、

チャレンジする前＝まだ開花していない部分がある
チャレンジが達成した後＝達成することで開花する

試練に立ち向かう前＝まだ開花していない部分がある
試練をクリアした後＝クリアすることで開花する

となるように本質的には同じです。

なぜ試練と思うかというと、「クリアするために必要なプラスのキャラがまだ開花していない」からです。

そして繰り返しますが、才能はじめ、自分の中の未知の可能性が開花するときとは「それが必要なとき」です。

試練は一見すると「無理！」と思ってしまうものですが、**試練に立ち向かうことでプラスのキャラが開花し、結果としてクリアできる**ようになります。

よく「越えられない壁は来ない」と言いますが、それは自分の中に越えられるだけのリソースが本当はあるからです。

それを越えるための自分の可能性を開花しさえすれば、それは越えられます。

私自身も過去に幾度となく試練が訪れてきましたが、後になって思えば、**様々な飛躍の前には試練があった**ことに気づきます。

つまり、試練がきっかけとなって飛躍してきました。

試練を避けようとする人は多いですが、このことを知っていれば試練は怖いものではなくなります。

ぜひ、試練には立ち向かうようにしてください。

「未知の才能」を開花させる方法 3
3カ月の目標設定をする

私がよくセミナーやYouTubeなどでお勧めしているのが、「3カ月の目標設定」です。

今の自分では少しハードルが高いけど、いろいろとやっていけば達成できそうな現実的な目標を設定し、達成のために取り組みます。

1年ではなく3カ月です。

もちろん1年の目標もあっていいのですが、多くの人は、1年だと長すぎて最初の10カ月ほどは油断して過ごしてしまうのです。

そして10カ月経ったときには、残り時間が短すぎて諦めてしまう人が多いのです。

3カ月だと最初から期限が近く、時間的な猶予がないため、油断する無駄な時間が少なくて実際の行動を起こしやすくなります。

そのため3カ月の目標設定をお勧めしているのですが、目標を設定し、その達成のためにチャレンジしたり、学んだり、人に聞いたり……といったことをする中で、今までにない新しい部分が開花していきます。

このことで**最も大事なのは、達成することではなく、「達成にこだわる」**ことです。

もちろん達成できることは素晴らしいことなのですが、余裕で達成できることは「そもそもできること」だったことにすぎません。

達成できそうだけど、ハードルが高いことを設定すると、2カ月半経ったくらいのころにまだ達成が見えない状態になりがちです。

そのとき達成にこだわり、残り半月で何ができるかを考え、書き出し、一つひとつ実行することが大事です。

前述したクリエーター3名の「締め切りがあるからクリエイティブになれる」というお話があったように、**「達成にこだわり、実行することで、今までにない自分が開花する」**ことがあります。

じつは達成することよりも、**達成にこだわって「もがく」ことのほうが大事**で、もがいた結果達成できなかったとしても、もがくことで新しい自分が開花すれば、次の3カ月で達成できる自分に成長しているものです。

ぜひ達成にこだわって、もがくようにしてください。

そして達成できなかったことに悔やむのではなく、もがいた自分を褒めてあげてください。

「未知の才能」を開花させる方法 4

理想の自分がやっていることをイメージし、今の自分ができることをする

これまで私が現実を切り開くときによくやっていた方法が、「**理想の自分がやっていることをイメージし、今の自分ができることをする**」というものです。

私は、かつてセミナー講師になりたいと思っていたとき、まずは自分で「セミナー」をやってみました。

また、本を出したいと思っていたときには、出版している自分がしていることで、当時の自分ができることは出版記念講演会だと思い、「出版(予定)記念講演会」を実施してみました。

理想の自分がやっていることをイメージし、今の自分ができることをやってみると、新たな自分の回路が開くことがあります。

新たな才能の回路、人間関係の回路、アイデアの回路、情報の回路……、様々な回路が開きます。

セミナーをやってみたときは、まだ自分のコンテンツは一つもありませんでした。

そこで知恵を絞って出したアイデアは、「読んだほうがいいとは知っているけど、分厚くてハードルが高い名著を読んで、解説するセミナーをやってみよう」と思いつきました。

それだと自分のコンテンツはなくてもセミナーができます。

今でいう書評Youtuberの走りかもしれません。

実際に本を読み込み、資料をつくり、セミナーの案内を出してやってみたところ、3000円のセミナーに10名ほどの人が集まってくださり、見事プロのセミナー講師としてのデビューができました。

出版(予定)記念講演会のときは、情報発信などはすでにできる限りのことはやっていました。

そんな状態だったため、次なる一手として「講演会!」となったのです。

実際に本当に会場に「祝・出版(予定)記念講演会」と装飾し、講演会を実施したところ60名ほどの方が集まってくださり、その10カ月後に、なんと! 本当に出版社から処女作のオファーが届いたのです。

今の自分ができることを実際に行動に移したことで、新たな回路が開いた結果だと思っています。

ちょっとふざけた方法にも感じますが、行動することにより現実が変化していきますので、面白半分で楽しみながら取り組んでいただければと思います。

「未知の才能」を開花させる方法 5
理想の人物と同じ時間を共有する

「未知の才能」を開花させる方法の中で、最後に絶対に外せない方法をお話しいたします。

それが、

- **素敵な自分がいる世界にすでにいる人と一緒に過ごす**
- **自分が「こうなりたいな」と思う人と一緒に過ごす**

というものです。

俗にいう「**メンター**」と言われるような人かもしれません。

私自身も今までそんな人たちにお世話になってきました。

このメンターの存在はとても大事です。

私たちの脳にはミラーニューロンという神経細胞があります。

ざっくりと少々乱暴に解説すると、

「他者がやっていることを自分がやっていることのように解釈する神経細胞」


のことです。

一緒にいる人が行っていることを自分も同じようにやっているように反応するため、一緒にいればいるほど少しずつその人みたいに変化していきます。

つまり、**メンターと同じ時間を共有することで、自分もその人みたいになっていく**ということです。


事実、セミナー業界では、昔から「普段最も

つきあう5人の人の平均年収が1年後の自分の年収になる」と言われてきました。

少し乱暴な話ですが、あながち間違ってはいません。

それだけ人は、どんな人と関わるかで未来が変わってきます。

自分が「こうなりたいな」と思うような人と会い、一緒に過ごしていくことで、自分の中にあったものが開花していくようになります。


ただし、一点だけ注意が必要です。

その人と会い、いろいろお話を聞くと、最初は考え方や価値観に「**違和感を感じる**」こともあるということです。

その考え方の違いは見ている世界、立場、人生経験からくるもので、それを**今の自分がジャッジしてしまうのは避けたほうがいい**でしょう。

その世界、立場、人生経験を経ないとわからない世界が必ずあります。

その違和感を持ったときに、「こんな人だったとは思わなかった……」といって離れていく人をごまんと見てきました。

それは非常にもったいないことです。

メンターの考え方や価値観を、今の自分の価値観、自分の世界観で裁かないことです。

違和感を持ったとしても、同じ時間を共有していくと、今まで違和感のあったことが、「あぁ、そういうことだったのか！」とわかるときがきます。

それは自分もその世界に近づいているサインです。

ちなみに私にもありました。

その気づきがあったとき、いつも同時に感じていたことがあります。

「あぁ、今までの自分は全然わかっていなかった……」

今の狭い自分の世界観でメンターのことを判断しないほうが得策です。

そのことに特に注意を払いながら、「こうなりたいな」と思う人と同じ時間を共有するようにしてみてください。

少しずつですが、今まで気づかなかった様々な自分が開花していきます。

新しい自分を創る過程でネガティブな感情が出たら

ここまでのワークでは、自分の中に可能性として存在する自分（盲点の窓、未知の窓）をインストールし、さらに開花するためのコツをお伝えしてきました。

今はまだ可能性のままになっている様々な自分を開花させることで、人生はいい方向に変わっていきますし、様々なことが実現していきます。

ただし、インストールをしたり、実際に開花するための行動をするときに、嫌になったり、自信をなくしたり、怒りが出たり、そもそもやりたくなくなったりといった「ネガティブな感情」が出てくることは度々あります。

それは、**なりたい自分の裏には、過去の「できない自分」の記憶があるから**です。

なりたい自分になるための取り組みの際、無意識レベルで「できない自分」の記憶にアクセスします。

記憶と感情はセットになって入っているため、できない自分の記憶が出てきたときに、セットになっているネガティブな感情を経験します。

そんな感情が出たときにやってほしいことが3つあります。

①それは「過去の感情」であって、これからの自分には関係ないと知ること
②「なりたい自分」に意識を向けること
③「ぐるぐるワーク」を実施すること

①それは「過去の感情」であって、これからの自分には関係ないと知ること

前述したように、なりたい自分になるアプローチをしていく中で「できない自分」が出てきたとき、その感情に支配され、自信を失ったり、「自分には無理」と思ったりします。

しかし、それは過去の記憶であり、その記憶にまつわる感情が出てきているにすぎません。

くれぐれもその思いにとらわれないようにご注意ください。

私たちの脳は優秀で、その思いにとらわれ、いったん「自分には無理」と判断を下すと、**自分には無理と思えるような情報や現実などを探そうとします。**

そのとき「やっぱり無理なんだ」と思いがちですが、知っておいていただきたいのは、それは**自分がそう思ったから脳がその現実を探し出しただけ**ということです。

本当は「自分にはできる」と思えるような情報や現実もあります。

過去のマイナスの記憶や感情に飲み込まれず、「自分にはできる」と思うように意識してください。

②「なりたい自分」に意識を向けること

「できない自分」が出てくると、その自分を克服しようとする人がいます。

ここまでの章で解説したように、自分の中には様々な自分がいます。

なので、「できない自分」がいても全然普通ですし、できない自分がいるからといって、「できる自分」がいないわけではありません。

このときに気をつけたいのが、「できない自分を克服しようとすること」です。

第3章でお伝えしたように、**克服しようとすると、その自分に意識を向けることになるため、できない自分が出てきて、その思考になってしまいます。**

そうすると、**そんな情報や現実にアクセスしてしまいます。**

できない自分を克服しようとするのではなく、**なりたい自分が実現していることに意識を向けるようにしてください。**

ここでは「できない自分を克服しよう」
としないことが大事

③「ぐるぐるワーク」を実施すること

「できない自分」が出てきたとき、その感情に支配され、自信を失ったり、「自分には無理」と思ったりしますが、自分の中にできない自分がいることが悪いのではなく、感情が揺れているだけです。

ですので、ここまででお伝えした「ぐるぐるワーク」に取り組むようにしてください。

やり方は、できない自分と次の言葉を唱えながら「ぐるぐるワーク」を実施してください。

私は○○です。そしてその私が素晴らしいということにします。

私は○○です。そしてその私が価値があるということにします。

私は○○です。そしてその私が愛され、認められているということにします。

この章で紹介しているワークや日常での実施を通し、プラスのキャラを育てていってください。

意識しながら実施していくことで、確実にメンタルは変わり、現実も変化していきます。

第5章

夢を叶えた人は諦めなかった人

本書で伝えたいことは「自分の中には、開花されることを待っているキャラがまだまだたくさんいる」ということです。

そして、「プラスとマイナスのキャラは同時に開く」という自己実現の法則があることも事実です。

なので、目標達成に取り組む際にネガティブな現象が現れても、それは当たり前のプロセスと受け止めましょう。

ここで大切なことは、「**ネガティブ」な要素は、人の成長に必要な大事なもの**ということです。

成長とは、

①できなかったことができるようになること

②ネガティブな自分をゆるし、受け入れること

の2つがポイントです。

特にネガティブな自分と向き合い、そんな自分をゆるすことに取り組むことで、人の気持ちを推しはかり、ときに人を励ましたり、ときに厳しい愛を表現できる人間的に器の大きな人になります。

人生は普通に生きていても、どれだけ真っ当に生きていても、ときには「試練やピンチ」が訪れます。

でも、**「試練やピンチのときは、今までなかった新しい扉が開くとき」**です。

つまり、成長のチャンスなのです。

そして、これからの生活でとても大事なことは、せっかく掘り起こした「**プラスのキャラ**」を定**着させる**ことです。

そのためには、次の3つの習慣を心がけましょう。

習慣1　常にいい自分が出るように状態を整える
習慣2　意識的に「当たり前」のレベルを変える
習慣3　寝る前を大切にする

最後にお伝えしたいのは、「挫《くじ》けてもいいけど諦めない」ことです。
未知なる世界に飛び込んでいくなら挫折なんて当たり前です。
でも本当にやりたいことなら諦めないこと。

「夢を叶えた人は、諦めなかった人」です。

「自己実現」とはなにか

「自己実現」という言葉があります。

かつては、その言葉を願望実現的に捉えていました。

しかし、その漢字をよく見ると「自己の実現」と書いてあります。


自己の実現が願望実現？


その疑問がこの本でお伝えしている内容の原点でした。

たとえば、自分の中に0～100%の自分がいるとします。

感覚的な数値ですが、ほとんどの人が100%まであるうちの30%くらいまでしか自分を開花させていません。

これまでもお伝えしているように、自分の中にはいい自分からダメな自分まで様々な自分がいますが、それさえも30%程度を開花した自分にすぎません。

自分を限定していることを自己限定と言い、ほとんどの人が大なり小なり自己限定をしています。

自己限定を外し、開花していなかった自己を実現していくことこそ自己実現です。

第4章でお伝えした「プラスのキャラを開花する」というのは、まさに自己実現のことです。

何より大事なのは「**自分の中には、開花されることを待っているキャラがまだまだたくさんいる**」ということです。

自分の中にはまだまだたくさんの可能性が眠っていますから、たくさんのキャラを開花させていくことで、たくさんの願望が実現していきます。

そのため自己実現と願望実現は同じように表現されます。

「プラスとマイナスは同時に開く」という自己実現の法則

自分の中にはまだまだたくさんの可能性（開花していないキャラ）があって、それらを開花させていくことこそが自己実現で、そんな自己実現をしていくと願望が実現していきます。

自己実現というと、「すごい自分が開花していく」と思っている人も多く、ある意味でそれは事実なのですが、じつは自己実現には、

①プラスのキャラの自己実現
②マイナスのキャラの自己実現

があり、さらに言うと**プラスとマイナスは同時に開花していく**ものです。

つまり、自己実現していくとプラスのキャラが開花し、すごい部分も見えてくるのですが、それと同時にマイナスのキャラも開花し、ダメな自分やできない自分を見たり、経験したりすることになります。

そのことを知らないがために、マイナスのキャラを経験したときに自分そのものを否定したり、自己実現できていないと嘆いたりすることも多いです。

先日、弊社にてある目標達成のプログラムを実施しましたが、その参加者の一人が、「私にとってこのプログラムは失敗でした」と言われました。

よく聞くと、目標達成に取り組もうとするとネガティブな自分が出てきて、その対処に終始し、結局目標を達成できなかったからとのことでした。

私からすると、それは当たり前のプロセスなのですが、「**プラスとマイナスは同時に開く**」**という自己実現の法則**を知っていないとこの方のようになってしまいます。

今までにやったことのない新しい何かに挑戦しようとすると、マイナスの自分が出てくることはよくあります。

できない自分やダメな自分、情けない自分……それは悪いことではないし、それがあるから無理ということでもありません。

そんな自分を経験することそのものが「マイナスのキャラの自己実現」なので、第2章、第3章でお伝えした方法を実施し、その自分を「ゆるす」ことに取り組んでください。

自己実現ではプラスも同時に開くため、受け入れる過程でプラスの自分が開花していくことを感じられると思います。

「ダメなキャラがあっていい」とわかった理由

このように自己実現ではプラスのキャラと同時にマイナスのキャラも開花します。
そして本書では、

・ダメなキャラをゆるし、受け入れること
・プラスのキャラを開花させること

をお伝えしてきました。

「ダメなキャラがあっていい」

それは多くの人が意外なもののように感じられるようです。
かつての私もそうでした。

ですが、次の2つの経験を経て、ダメな自分を克服しようとすることの矛盾に気づいていきました。

①ある自己啓発セミナーでの出来事
②すごい人たちとの関わり

この2つの経験です。

①ある自己啓発セミナーでの出来事

今は少なくなりましたが、かつて2000年代には、ポジティブ系のセミナーが多く存在していました。

私も、そんなセミナーに何度か参加したことがあります。

そこで学んだことは無駄ではなく、今でもその学びは私自身の仕事や人生に大いに役に立っています。

しかしどんな教えであっても、受け取る側の受け取り方次第で良くも悪くもなります。

そんなセミナーですが、ポジティブに振ったセミナーは、家に帰るとセミナーの反動で逆にネガティブに陥ったりします。

ネガティブに陥った参加者の中には「ポジティブがいい」「ポジティブこそが正義」と捉える方もいて、そうなったときに「ポジティブにならなきゃ!」と考えることがあります。

そうなっている人の話を聞いたとき、私は「**ポジティブにならなきゃって、それはネガティブじゃないか?**」と思っていました。

事実、**ネガティブを否定した状態でのポジティブは非常に不安定**です。

どんな人もメンタルがいい状態のときもあれば、落ち込んだり、停滞することはあります。

それが普通のことなのに、ネガティブになったときに自分を否定するのは本質からずれてしまいます。

② すごい人たちとの関わり

幸いなことに私は、これまでに様々なすごい人たちに可愛がってもらったり、関わらせてもらってきました。

かつては、「すごい人はネガティブな部分がない人」と思っていましたが、関わるようになってみると、**「すごい人にもネガティブな部分や、変わった部分、ダメな部分がある」**ことがわかりました。

ただし、すごい人たちはそんな部分を気にもしておらず、ネガティブな部分も含んだ自分自身を認めており、それどころか自分のことが大好きでした。

それを見ていると「自分ことを好きかどうかと、ネガティブな部分があるかどうかは関係ない」と腑に落ちたのです。

そういった経験から、

・ダメなキャラはあっていいこと
・それが自分の人生をよくするために妨げにはならないこと
・すごい人にもどんな人の中にもダメなキャラはあること

が、深く納得できるようになっていきました。

「ネガティブ」な要素は、人の成長に必要で大事なもの

ネガティブな出来事やネガティブな自分を否定し、排除しようとする人は多いです。

しかし、前述したように、すごい人たちにもネガティブな部分はあります。

人は成長と聞くとすごい才能が開花し、できなかったことができるようになることを想像しがちですが、それでは不十分です。

成長は次の２つの要素を繰り返していくことです。

①できなかったことができるようになること
②ネガティブな自分をゆるし、受け入れること

どちらかだけでも人間的に成長はしません。

「①できなかったことができるようになること」だけだと、人の気持ちがわからない人に、「②ネガティブな自分をゆるし、受け入れること」だけだと、向上心がなく、自分に甘い人になってしまいがちです。

それら両方が必要で、特にネガティブな自分と向き合い、そんな自分をゆるすことに取り組むことで、人の気持ちを推しはかり、ときに人を励ましたり、ときに厳しい愛を表現できる人間的に器の大きな人になります。

ネガティブは決してダメなものでも、不必要なものでもありません。

事実、ネガティブな要素が必要な職業というものもあります。

たとえばカウンセラーはその際たる職業です。

ポジティブな性格の人がカウンセリングをすると、「そんな悩んでる時間がもったいない！」といって寄り添ってはくれません。

クライアントのネガティブな部分に寄り添うカウンセラーは、ネガティブな要素がないとできません。

また、リスクマネジメントが必要な仕事などもネガティブな要素が必要な仕事です。

つまり、**ネガティブな要素というのは、決してダメなものではなく、それをゆるし、受け入れることで、器を大きくしたり、包容力を高めてくれるものです。**

決して毛嫌いしないようにしてあげてください。

人生は「螺旋階段」のようなもの。着実に成長している

ここまでのお話で、自己実現は、

・ダメなキャラをゆるし、受け入れること
・プラスのキャラを開花させること

の両方に取り組むこととお伝えしました。

そうやってプラスとマイナスの両方の部分を開花していくと、**以前に向き合ったマイナスの自分とまた似たような状況になることが多い**です。

そんなときに「元に戻った……」と考える人が多いのですが、じつはそうではありません。

人生は「螺旋《らせん》階段」のようなものです（イラスト参照）。

螺旋階段は、上から見ると円になっています。螺旋階段を上っていると、何度も同じところをグルグルと回っているように感じますが、じつは自分の位置は以前よりも高い位置を歩いているのです。

それと同じで、**以前と同じことに向き合っているように感じますが、じつは人生そのものは着実に成長しているのです。**

だから「戻った」とは考えないようにしてください。

同じようなことをやっているようで、本当のところは前には向き合えなかった深い部分と向き合えたり、前は感じられなかったような深い感情を感じたりできるようになってい

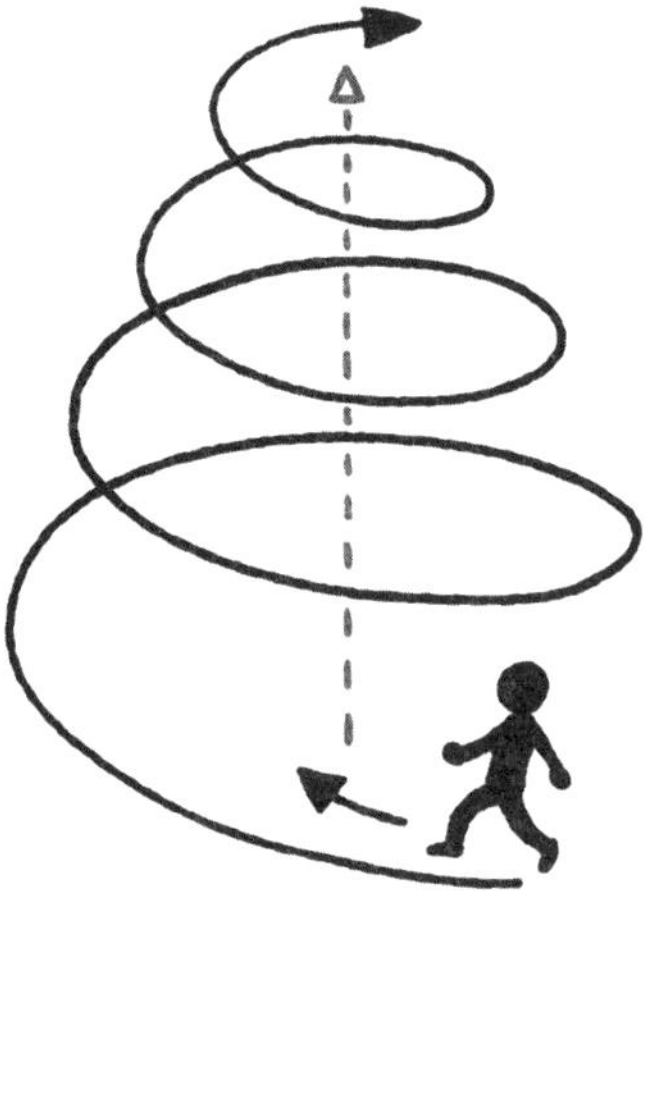

ます。

なぜ、多くの人は「宝くじ」を求めてしまうのか

私は、自分の修行のために定期的に滝行をしています。

その際、たまに滝行祈願を募集することがあります。

お申し込みいただいた祈願を、滝で水に打たれながら祈願する。

２０２３年12月に募集したときには、１９００名ほどの方からお申し込みいただき、すべての祈願に目を通して滝行祈願を実施しました。


これまで何度かやっていますが、祈願で最も多いのが「宝くじ」です。

「そもそもなぜ宝くじに期待してしまうのか？」

最初はそれがなかなかわからなかったのですが、ようやくわかってきたのが、

「今の自分で限界だと思っている」

ということでした。

もっと正確に言うと、

「今の自分にはもう伸び代も可能性もなく、そんな自分がお金を望むなら宝くじくらいしかない」

と、つまり自己限定してしまっていることが原因でした。

しかしここまでお伝えしたように、どんな人も自己限定をしてしまっているだけで、たくさんの可能性を封印しています。

それらを開花していけば、宝くじに頼らずとも自分が求める範囲の豊かさは得られるものです。

それ以上のお金は害になるだけなので必要ありません。

宝くじを楽しむことは素敵なことですが、そこだけに期待する行為は、むしろ「自分には無理」という信念を強化してしまうため、避けたいものです。

常に「自分の中には自分が満足できるだけの豊かさがある」と思うようにしてあげてください。

そして宝くじは、楽しむために購入するようにしてください。

「試練やピンチ」の本当の意味

人生は普通に生きていても、どれだけ真っ当に生きていても、ときには「試練やピンチ」が訪れます。

試練やピンチについて、世間では「乗り越えられない壁は来ない」と言いますが、実際にそれが訪れたときには出口のない八方塞がりのように感じ、絶望的な気持ちになります。

じつは、**「試練やピンチのときは、今までなかった新しい扉が開くとき」**です。

八方塞がりなのは、今考えられる方法、今持っている材料、今まで培った経験が通用しないから感じるものです。

今持っているものが通用しないならば、今までになかった新しい扉が突破口になります。

・今までにない方法
・今までにない出会い
・今までにない情報
・今までにない道

新しい扉が開き、それらが訪れます。

じつは、それらはここまでお伝えした自己限定というものが色濃く影響しています。試練やピンチのときというのは、今の自分の本当のレベルと、自分が自分に対して思っているレベルに乖離があるときです。

現実に訪れるのは、今の自分の本当のレベルのものです。

それに対し、自分が自分に対して思っているレベルがそれよりも低いがために新しい扉が見えず、八方塞がりに感じます。

しかし、自分こそが勘違い。

「必ず突破口はある！」

と信じ、アイデアを出し、思いつくものをすべて取り組んでいく過程で、いいアイデアが出たり、情報が集まってきたり、出会いがあったりといったことが起こり、不思議と試練やピンチをクリアできます。

試練やピンチが訪れ、八方塞がりになってしまったときには、自己限定のことを覚えておいてください。

「過去の罪悪感」を乗り越える

ゆるしに取り組むとき、「過去に誰かを傷つけてしまったこと」のことでずっと苦しまれている人もいます。

過去に人を傷つけてしまったことに対して、「それをした自分を受け入れる」ことに抵抗があり、「罪悪感」を持ってしまう人です。

もちろん人を傷つけてしまったり、ひどいことをしたことを受け入れろと言っても難しいでしょう。

迷惑をかけたのにそれを気にもかけず、あっけらかんと生きるのもどうかと思います。

迷惑をかけたのであれば、反省はすべきです。

だからといって、いつまでも罪悪感で自分を押さえつけても何も生まれません。

そんなときには、とにかく「**今の自分で、今の自分ができることで、周囲の人のお役に立つこと**」に取り組んでください。

お役に立つとは、

・誰かが喜ぶこと
・誰かの問題や困りごとを解決すること

です。

今それができているなら、「さらにレベルを高くできないか？」「さらに多くの人のお役に立てないか？」と意識し、試行錯誤し、取り組んでください。

それに応じて自分自身が自己実現や成長ができます。

すると、**そのうちに過去に傷つけてしまった人と似たような人や、似たような状況にいる人が自分の前に現れます。**

そしたら全力でその人のお役に立ってあげてください。

それをしたところで過去の事実も後悔も消えませんが、お役に立てたその人が喜んでくれたり、人生が救われたときに過去の意味づけが少し変わります。

「あのときのあれがあったから、この人のお役に立つことができた」

それこそが、**後悔している過去が意味ある大切な過去に昇華する瞬間**です。

もちろん、それによって過去の出来事が変わるわけではありません。

それでも後悔と罪悪感と贖罪の日々を過ごすよりは、「喜ぶ人を生み出す」という意味あるものに変えていくことのほうが気持ちは異なるでしょう。

罪悪感で自分を痛めつけるのをやめて、罪悪感を持ったままでかまいません。

それを持った自分でも誰かに喜んでもらえるので、ぜひ今のそのままの自分で周囲の人のお役に立ってみてください。

プラスのキャラを定着させる3つの習慣

本書では、プラスのキャラをつくっていくために、

・ダメなキャラをゆるし、受け入れること
・プラスのキャラを開花させること

をお伝えしてきました。

これに取り組むことですぐに、劇的に現実が変わればいいのですが、ほとんどの場合そんなことはありません。

現実は、日常の積み重ねの末に、あるとき大きく変化していくものです。

ただ、多くの人は肝心なその日常を疎かにするため、なかなか変化できません。
自己実現に取り組むにあたり、日常的に意識すべき習慣は、

習慣1　常にいい自分が出るように状態を整える
習慣2　意識的に「当たり前」のレベルを変える
習慣3　寝る前を大切にする

です。
それぞれについて解説します。

【習慣1　常にいい自分が出るように状態を整える】

第3章でお伝えした「自分の法則」のところで、
「自分の状態に応じてどの自分が出るかが変わる」

とお伝えしました。

マイキャラをプラスのものに変えていくには、**「日常の中でプラスのキャラで過ごす時間を多くしていくこと」**が大事です。

そのためには、常に「自分の状態」を整えるようにしてください。

自分の状態とは、第3章でお伝えした通り、

・身体の状態
・心の状態
・エネルギーの状態
・環境の状態

の4つの状態です。

これらを整えていくと、自分の「波動」がよくなります。

「類は友を呼ぶ」と言いますが、これは波動的に言い換えると、**「似たような波動の人が集まる」**という意味となります。

気が合う人のことを「波長が合う」と言いますが、これは波動が似ている者同士は気が合うということです。

これは人だけではなく、場所、情報など、この世の中に存在するすべてのものが波動を持っていて、**私たちは今の自分と似た波動の「現実・人・場所・情報」に囲まれるようになっています。**

自分の状態がいい状態であれば、いい現実に遭遇し、いい人と出会い、いい場所に行くようになり、いい情報が入ってきます。

逆に、自分の波動が悪い状態であれば、悪い現実に遭遇し、悪い人と出会い、悪い場所に行くようになり、悪い情報が入ってくるようになってしまいます。

その自分の波動の鍵となるのが「身体」「心」「エネルギー」「環境」の4つの状態で、それらがいい状態のときには日々プラスのキャラが出てきて、日々いい現実を経験しやすくなるため、少しずつマイキャラがプラスに変わっていきやすくなります。

それでは、身体・心・エネルギー・環境、それぞれの状態を簡単にお話しします。

●身体の状態

身体の状態は、シンプルに健康状態と身なりです。

食生活を整え、睡眠時間をしっかりと取るようにし、健康に意識を向けるようにしてください。

また見た目も大事で、できれば肌や髪、爪などにツヤを出すようにし、服装は清潔感と安心感のあるものが望ましいです。

できるなら、キラキラしたアクセサリーなどを身に着けるとさらに状態はよくなります。

●心の状態

コロコロすぐに変わるから心と言われるくらい、心はすぐに変わりますし、うつろいやすいものです。

そのため、心のケアは専門家に相談したほうがいいとは思いますが、状態を整えるには、第2章でお伝えした**「ぐるぐるワーク」**を**丹念に、定期的に取り組む**ようにしてください。

●エネルギーの状態

エネルギーは目には見えないものですが、確実に存在します。

エネルギーで気をつけたいのが、**「邪気」とも呼ばれるマイナスのエネルギーのケア**です。

私のYouTubeチャンネルである『波動チャンネル』では、新月と満月のタイミングでお清めをしているので、ご活用いただければと思いますが、自分で簡単にできるものとして、次のことに習慣的に取り組んでください。

- 海由来の塩を入れたお風呂に入って汗をかく
- サウナで整える
- 定期的に自然の中でくつろぐ
- 神社仏閣でお祓いをする

●環境の状態

環境でポイントになるのは、住環境と人間関係です。

住環境の基本は、そうじと片づけ（整理・整頓）です。
使わない余計なものは思いきって処分し、常に整理・整頓を心がけるようにしてください。

人間関係は、会うと疲れる人や、ネガティブになる人とは距離を置き、自分が実現したいことをすでに実現している人や、お互いを応援し合える人とつながるようにしていくことが望ましいです。

かなり簡単にお伝えしましたが、これらの状態を常にいいものにしていくと、自分の波動がよくなり、プラスのキャラが出やすくなり、日々いい現実を経験できるため、マイキャラがプラスに変わりやすくなります。

【習慣2　意識的に「当たり前」のレベルを変える】

私たちは常に「**自分の基準**」というものを持っています。
ある意味自分にとっての「**当たり前のレベル**」とも言えます。

それは、ありとあらゆる場面に存在します。

・時間の使い方
・行く場所
・お金の使い方
・仕事の仕方
・関わる人

そういった様々なところにそのレベルが存在します。

だからこそ、**自分の「当たり前のレベル」を変えていくことで世界は広がります。**

たとえば、「**行く場所**」。

かつて私がまだサラリーマンのころ神戸に住んでいたのですが、東京に行くことはほとんどありませんでした。

それがセミナーで東京に行くようになると、当たり前の距離感が変わります。

それにより、自分の世界は大きく広がることになりました。

今では東京に住みながら、福岡には毎月日帰りで行って、今は海外での仕事も計画しています。

自分の「当たり前の距離」が変わるたびに世界観が広がる感覚があります。

そんな当たり前の距離について、最もそれを感じる瞬間は「○○県でセミナーをされることはありませんか？」という地方からのお問い合わせをいただくときです。

もちろんいろいろな事情で出られないのかもしれませんが、東京、大阪、名古屋、福岡で定期的にセミナーをしていますし、そもそも時間的に地方に行ってセミナー開催がなかなかできないため、「今開催しているものにきていただければ、自分の世界観も広がるのに」といつも思います。

事実、福岡のセミナーで来られた方は鹿児島在住で、鹿児島から出たことがない人でした。

それが福岡に初めて来られ、「世界が広がった」ととても喜ばれていました。

初めて来られたときは不安が大きかったため、泊りがけで来られたのですが、「来月は日帰りに挑戦してみます！」とキラキラした目で話されていたのが印象的でした。

「**お金の使い方**」にも当たり前のレベルがあり、私もかつてあらゆるものにお金をケチる思考でしたが、**価値あるものにはちゃんと使ったり、自己投資に惜しみなく使うようにしていくと、逆に自分の収入も上がっていきました。**

また、サラリーマンのときは、普段関わる人や友人知人は当たり前にサラリーマンの方ばかりでした。

友人知人のことは大好きでしたし、遊んでいて楽しかったので、今も後悔などは一切ないのですが、あるときから「自分がやりたいことを仕事にして、自分で稼ぎたい！」と強く思うようになったときから話は変わりました。

そうなると「独立して稼いでいる人や成功している人」に会ったほうがいいに決まっています。

「独立するためには、そんな人に会わないといけない」と思った当時の私は、新しい出会いを求めて様々な場所に出かけ、出会うようにしていました。

そういう人に出会ってみると、やはり考え方も価値観もまったく違っていて、学ぶことはとても多かったのです。

それと同時に、そういう人から新しい考え方、新しい価値観などを吸収することで、今までと違う波動が自然と身に着くのです。

毎日のありとあらゆる中に、自分の「当たり前のレベル」というものが存在します。

それを変えていくことで新しい世界が見え、新しい自分が創られていくのです。

【習慣3　寝る前を大切にする】

ここまでプラスのマイキャラをつくっていくことをお伝えしてきました。

じつは「**私は○○な人間だ**」**というマイキャラは、寝ている間につくられます**。

人は寝ている間に何をしているかというと、1日にあった出来事の記憶の整理をしています。

必要な記憶は長期記憶という一生消えない記憶としてストックし、不要な記憶は消去する。

そんな整理・仕分けを寝ているときにしています。

「私は○○な人間だ」というマイキャラは自分に関する記憶そのものでもあるため、脳の中にいい記憶をたくさん入れていくことで少しずつプラスのマイキャラに変わっていきます。

そのために大事にしたいのが、**夜寝る前の1時間の過ごし方**です。

寝る前の1時間は記憶のゴールデンタイムと言われ、特に印象に残りやすく、記憶となりやすい時間です。

寝る前の1時間で見たこと、聞いたこと、話したこと、経験したこと、イメージしたことなどは、特に記憶として定着しやすくなります。

寝る前の1時間で反省したり、くよくよ考えたり、愚痴をこぼしたり、自分を貶める言葉を言ったりすると、ネガティブな記憶がどんどん増えてしまいます。

できれば寝る1時間前には、

・今日できたことを書き出す
・今日よかったことを書き出す
・今日感謝できることを書き出す
・明日の理想の状態をイメージする
・目標が達成できたときをイメージする
・理想の自分をイメージする
・夢が叶った状態をイメージする

といったことをしてみてください。
いきなり全部は難しいため、できることからで大丈夫です。
また、私がやっている講座などでよくお勧めしているのが、
「明日をさらに素敵な1日にするためにできる少しのこ

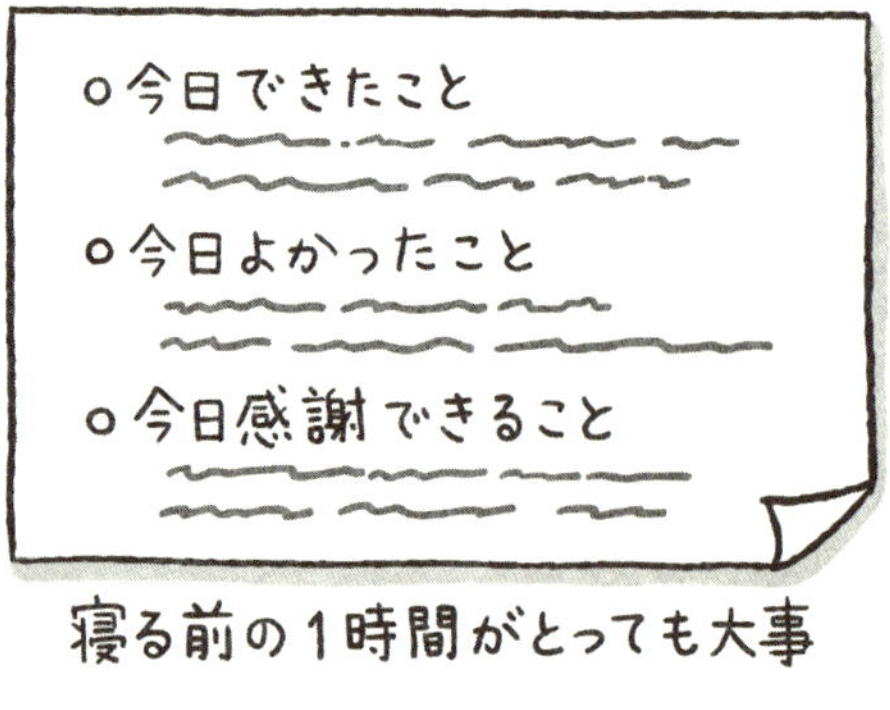

寝る前の1時間がとっても大事

とは？」

と唱え、思いつくことを書き出し、翌日にそれを確実に取り組むことです。

取り組むことは本当に何でもかまいません。

注意したいのは、**「確実にできることにする」**ということ。

確実に実行することがポイントなので、誰かに連絡をするとか、通勤経路を変えてみるとか、空を見上げてみるとか、本を読むとか、ハードルは低いほうがいいでしょう。

これはなぜかというと、唱えていただく文章の中には**「今日が素敵だった」**という前提が入っています。

それを唱えることで、「今日が素敵だった」という情報がインストールされていくとともに、**確実に行動することで「今日が素敵だった」が「毎日が素敵」になっていきます。**

即効性はないですが、半年くらい毎日続けていくことで、気づくと日常が彩り豊かなものになっていることに気づきます。

ちなみに、私がやっているYouTube『波動チャンネル』では、「夜寝る前に聞くといい夜の祝詞《のりと》」という動画があります。

その動画では、多くの人がネガティブに陥りやすいポイントでネガティブにならず、前向きなメンタリティーが形成されるように仕かけがしてあります。

ぜひそちらも毎晩聞いてみてください。

半年くらい続けていただくと、自然と前向きな自分が出来上がっていきます。

朝には「朝聞くといい朝の祝詞」という動画もありますので、そちらもあわせてご活用いただければと思います。

挫けてもいいけど、諦めない！

ここまでお読みいただいた読者の方は、自分を変えようとしたり、何かを実現しようとしたり、幸せに豊かになろうとされている方だと思います。

しかし、日々生きているとうまくいかないこともたくさんありますし、ショックを受けることも、挫けることも多いものです。

そんなときネガティブな気持ちになったことで自分を否定する人もいます。

しかし、自分を否定はしないでください。

どんな人もネガティブな気持ちになります。

思い描いていたことができない場合には、普通に気持ちは挫けます。

時間も労力もかけて取り組んだのに、思うような結果にならないときには、気持ちは萎えます。

うまくいく人も同じようにそうなります。

何が違うかというと、「諦めるか諦めないか」だけです。

「挫けてもいいけど、諦めない」


この言葉を常に覚えておいてください。


私も結構挫けます。

愚痴も言います。

思い通りにいかないときには、やさぐれます。

一通りそんなことをしたら、また次の手立てを考えます。

どうしても実現したいことであれば、時間をかけてでも諦めずにやります。

書籍の出版もそうでした。

２０１３年ごろ、仕事もうまくいっていて、オリジナルメソッドもあったので「これを多くの方に伝えるために出版したいなぁ」と考え、出版しようと動き出したことがありました。

出版企画書をつくり、編集者にプレゼンをしましたが、まったく箸にも棒にもかかりませんでした。

ショックだったのですが、そこで、

「箸にも棒にもかからないのは実力と影響力がないから。

一度出版は諦め、出版社の方から声がかかるくらい実力と影響力を伸ばそう」

と切り替え、一度出版の動きは封印し、実力と影響力を伸ばすために仕事に取り組みました。

そこから6年後、本当に出版社から「波動に関する教科書になるような本を書けませんか？」というオファーをいただき、一冊目の本を出すことに繋がっていきました。

未知なる世界に飛び込んでいくなら挫折なんて当たり前です。

でも本当にやりたいことなら諦めないこと。

「諦めなければ夢は叶う」なんて無責任なことは言いませんが、少なくとも、

「夢を叶えた人は、諦めなかった人」

です。

ぜひ自分を信じ続けてあげてください。

あなたは、まだまだこんなもんじゃない！

先日、弊社主宰の会の会員の個展に行ってきました。

元々は京都に住む普通の主婦だったのですが、「鎌倉が大好き」ということを思い出し、どうしても鎌倉に住んでみたく、勇気を出して夫に伝え、京都と鎌倉の二拠点生活を始めた方でした。

その流れの中でカメラと出合い、蓮《はす》に出合い、日本国内だけでなく、海外にも撮影のために出かけていき、撮った写真の個展でした。

飾られた様々な蓮の写真の下に、蓮から感じたメッセージを添えてくれています。

その中で印象的な一文がありました。

「人生は新しい自分に出会う旅」

本当にその通りだと感じます。

彼女は多くの女性と同じように、夫、子ども、家族、様々なものに縛られ、自分を封印して生きていました。

「縛られる」というと悪いことのように感じますし、みんなが悪い人のようにも感じますが、そんなことはなく、それが普通でもあります。

そこから様々な挑戦を通して新しい自分に出会っていかれたのでしょう。

一筋縄ではいかなかったと思います。

葛藤、挫折、不安もたくさんあったと思います。

それでも諦めきれずに行動していった結果、今の彼女がある。

様々な挑戦を通して感じた事柄が、先ほどの「人生は新しい自分に出会う旅」というメッセージに集約されているのだと思います。

なぜその言葉に私が共感したのかというと、それはまさに私が２００７年に一念発起して独立してきてから今まで常に実感してきたことだからです。

今ではこうやって本を書いたり、全国でセミナーや講演をさせてもらっていますが、当時の自分からすると驚きでしかありません。

これまでの過程では、

「自分ってこんなこともできたんだ！」
「こんな自分もいたのか！」
「こんな世界に自分もいてよかったんだ！」

ということの繰り返しでした（もちろんその過程ではたくさんの失敗も、挫折も、失望もありましたが）。

まさに「新しい自分に出会う旅」であり、自己実現です。

そしてそれは、かつて普通の主婦だった彼女や私が特別というわけではありません。
どんな人も自己限定をしています。
今の私もまだまだ自己限定をしています。
そしてそれは同時に、

「あなたは、まだまだこんなもんじゃない！」

ということでもあります。
ぜひ、様々なことに挑戦し、素敵な自分に出会っていただければと思います。
その都度、「自分って結構すごかったんだ」と思えるはずですから。

様々なことに挑戦し、
まだ見ぬ自分を発見しよう!

あとがき

ここまでお読みいただき、ありがとうございます。

世の中には、

「本当の自分を知りたい」

と「自分探し」をされる人がいます。

その多くが本当の自分を見つけられずに時間が過ぎてしまうのですが、じつは自分探しをしても自分は見つかりません。

なぜ見つからないかというと、「自分は自分でつくっていくもの」だからです。

つまり、自分探しではなく「自分づくり」です。

本書でもお伝えしましたが、自分づくりには、

①今のそのままの自分を受け入れる
②未知の自分を開花していく

の2つのアプローチをしていくことが必要です。

つまり、本書でお伝えしたことに取り組んでいただくことで、素敵な自分をつくっていくことができるので、ぜひ一つずつ丁寧に取り組んでいってください。

ちなみに本書を書く動機となったのは、

「今からでも自分のことをよりよくつくっていくことができるんだ」


ということを多くの方に気づいてほしいと思ったからでした。

じつはその思いは、私自身の人生経験から形成されたものです。

私は30歳のとき「自分が大好きなことをして、自分の人生を創る!」と一念発起し、それまで勤めていた会社を退職し、独立しました。

サラリーマン時代は化学の分野の専門職でしたので、今に繋がる知識も、ビジネスの知識や経験も皆無でした。

そんな私が独自のメソッドをつくって提供したり、法人化したり、ビジネス的にも成果が出せたり、YouTubeでたくさんの方が登録してくださったり、そして今こうやって七冊目の著作をお届けできているわけですが、独立後にすぐに成果が出て、順調にうまくいったかというとまったくそうではありませんでした。

意気揚々と独立し、様々な活動をするものの、最初はまったく成果が出ず、元々強い自信があるタイプではなかった私は、「自分はダメなんだ」「情けない」と思うようになった時期がありました。

そんな折に相談に乗っていただき、私の起業人生を救い、ゆるしを深く体験させてもらえたのが、多くの作家さんからカリスマ編集者として尊敬され、本書を編集してくださった遠藤励起さんでした。

私が自分のことを「ダメ」「情けない」と思い、自己否定で苦しんでいたころ、遠藤さんが自身の過去のうまくいかなかった編集者時代の話や、同じように自分のことを「情けな

い」と思っていたという若き日々のエピソードなどを話してくれ、そのうえで、

「それでも、そのとき俺は自分のことが大好きだったんだ」

と言ってくれたその一言により、

「未来の現実がうまくいくかどうかと、今の自分がダメかどうかは関係ないことなんだ」

と深く気づくことになりました。

じつは、これこそが私がお伝えする「ゆるし」というものを深く探求するきっかけとなったエピソードです。


また30歳当時の私には、今の私が持っている知識やスキルは皆無でした。

まったくもって皆無。

そんな私が、様々な方からの学びや、挑戦によって少しずつ未知の自分が開花し、その都度新しい自分が開花し、現在の自分がいます。

30歳当時の私には「ない」と思っていたものがたくさんあったのです。

それはみんな同じ。

今何もなくても諦める必要はありません。

あなたの中には、「開花されることを待っているあなた」がたくさんいます。

ぜひ学びや挑戦を通して、それらを開花させてあげてください。

私の中にもまだまだたくさんの未知なる自分がいると思っていて、私もまだまだ学び、挑戦していきます。


ということをYouTubeなどでお伝えしていると、本当によくいただくご質問があります。

「私は○歳ですが、今からでも大丈夫でしょうか?」

というご質問です。

いつも思うのは、

「いやその年齢なら無理ですねと言ったら納得するのかな？」

ということ。

決して納得したくはないと思います。

それなら今からでもやるしかない。

本書でもお伝えした通り、「あなたはまだまだこんなものではない！」のです。

ぜひ、今のそのままの自分をゆるし、「ハッピー・バイブレーション」を身に着け、そして未知なる自分をたくさん開花させてあげてください。

最後に、アルソスの林定昭社長、ゆるしのきっかけをいただき、私の著作をいつもサポートしてくださっている遠藤励起さん、ありがとうございます。遠藤さんには感謝してもしきれません。本当にいつもありがとうございます。

その他弊社クライアントのみなさま、八福会、ビジネスアカデミー、波動倶楽部のみなさま、YouTubeの視聴者のみなさま、そして何よりいつもたくさんのタスクをこなし、私に執筆や発信の時間をつくってくれる弊社スタッフのみなさま、多くの方のご協力のお陰で本書を書くことができました。

みなさまと紡いできた幸せの知恵を、さらに多くのみなさまに分かち合えることの幸せを感じています。

ありがとうございます。

桑名正典

【著者プロフィール】

桑名正典（くわな・まさのり）

（株）パーソンズリンク代表取締役
経営コンサルタント

高校から理系に進み、大学・大学院では化学を専攻。岡山大学大学院卒業後、(株)コベルコ科研にて、研究者として環境分析、化学分析、材料分析などに携わる。

2007年に「自分らしく大好きなことを仕事にして豊かに生きたい」という思いから独立。

現在は波動とメンタルをベースに、企業のコンサルティングや起業家を支援するビジネスアカデミーなどを展開。コロナ禍でもクライアントの好調を維持している。

また、会員数約800名の「波動を整えて開運するエネルギーワークの会」、会員数1,500名を超えるオンラインサロン「波動倶楽部」などを主宰。

チャンネル登録者数18万3千人のYouTube「波動チャンネル」でも波動の使い方をレクチャーし、登録者数を伸ばしている（2024年8月現在）。

著書に『ミリオネア・バイブレーション』(ヒカルランド)、『成功している人は、なぜ「お清め」をするのか？』(KADOKAWA)、『すぐ開運　超潜在意識書換えルーティン』(WAVE出版)、『成功している人がやっている波動の習慣』（ワン・パブリッシング）など多数。

カバーデザイン　森 裕昌（森デザイン室）
本文デザイン　森デザイン室
本文イラスト　ツキシロ クミ
シールイラスト協力　仲田祥子
企画・編集協力　遠藤励起

愛《あい》とお金《かね》と運《うん》に効《き》く！
ハッピー・バイブレーション

2024年10月11日　第1刷発行
2024年11月 2日　第2刷発行

著　者　桑名正典《くわなまさのり》
発行者　林　定昭
発行所　アルソス株式会社
〒203-0013
東京都東久留米市新川町2-8-16
電話　042-420-5812（代表）
https://alsos.co.jp
印刷所　株式会社 光邦

ISBN 978-4-910512-23-5 C0011